传递价值

U0531716

CONSTRUCTIVE COEXISTENCE

求同存异

英特尔在中国生产之旅的探索与思考

卞成刚 / 著　曹文 / 译

四川人民出版社

图书在版编目（CIP）数据

求同存异：英特尔在中国生产之旅的探索与思考 / 卞成刚著；曹文译. -- 成都：四川人民出版社，2022.1
ISBN 978-7-220-12615-4

Ⅰ．①求… Ⅱ．①卞… ②曹… Ⅲ．①外资企业－企业文化－文化交流－案例－中国 Ⅳ．① F279.244.3

中国版本图书馆 CIP 数据核字（2021）第 246258 号

QIUTONG CUNYI: YINGTE'ER ZAI ZHONGGUO SHENGCHAN ZHI LÜ DE TANSUO YU SIKAO
求同存异：英特尔在中国生产之旅的探索与思考
卞成刚 著 曹文 译

出 版 人	黄立新
丛书策划	李真真
选题策划	考拉看看 书服家
特约顾问	考拉看看・张小军 马玥
项目统筹	袁璐
责任编辑	林袁媛
营销编辑	邵显瞳
责任校对	林泉 吴玥
装帧设计	云何视觉・汪智昊
责任印制	许茜
版权推广	杨立 谢春燕
出版发行	四川人民出版社（成都市槐树街2号）
网　　址	http://www.scpph.com
E-mail	scrmcbs@sina.com
新浪微博	@四川人民出版社
微信公众号	四川人民出版社
发行部业务电话	（028）86259624 86259453
防盗版举报电话	（028）86259624
照　　排	云何视觉
印　　刷	成都国图广告印务有限公司
成品尺寸	153mm×225mm
印　　张	17.75
字　　数	181千
版　　次	2022年1月第1版
印　　次	2022年1月第1次印刷
书　　号	ISBN 978-7-220-12615-4
定　　价	88.00元

■版权所有・侵权必究

本书若出现印装质量问题，请与我社发行部联系调换
电话：（028）86259453

献给我的太太——文，和我的儿子——凯文，
感谢你们无法取代的爱和支持。

献给英特尔成都团队，
非常荣幸我们一起创造了这么多辉煌的时刻。

献给英特尔世界各地的朋友们，
谢谢你们的帮助和支持，始终伴随着我的职业生涯。

献给我的挪威朋友们，
感谢你们在我早期留学生涯期间对我的帮助和关心。

卞成刚

卞成刚[1]，英特尔制造与供应链事业部副总裁兼英特尔产品（成都）有限公司（以下简称为英特尔成都）[2]总经理。他领导的英特尔成都公司，位于中国四川省成都市。他一直致力于英特尔在中国可持续发展，他的工作职责包括统管工厂的运营、员工关系、增强英特尔品牌形象、与外部各相关部门（如社区、媒体、政府等）建立战略合作伙伴关系、与政府和社区一起努力构建健康的高新科技产业链与生态圈。

卞成刚于1998年英特尔浦东[3]工厂筹建时加入英特尔公司，担任信息技术部主管并支持两个工厂的筹建工作。于2002年担任英特尔浦东闪存工厂厂长；2007年工厂剥离后，担任英特尔公司在中国的合资企业——恒亿储存有限公司总经理；2009年调任英特尔产品（成都）有限公司总经理；2012年荣升英特尔制造与供应链事业部副总裁。

2010年，卞成刚荣获"成都市十佳荣誉市民"和"四川省十佳商业领袖"称号，并担任成都市政府顾问委员会委员。英特尔产品（成都）有限公司在卞成刚的带领下于2012年和2018年两次荣获英特尔"全球质量金奖"，并在2018年获得全球责任商业联盟（RBA，曾称为电子行业行为规范——EICC）"首选工厂奖"。

卞成刚在上海工业大学获工程学学士学位，后在挪威特隆姆索大学获计算机科学硕士学位。

1　书中大部分地方沿用了卞成刚在英特尔公司内部的英文昵称的中文——"卞"来取代其全名。

2　特别说明：本书中因为语境不同，用了一些简称，其中英特尔成都、英特尔成都工厂、英特尔成都公司均指英特尔产品（成都）有限责任公司。

3　特别说明：本书中因为语境不同，用了一些简称，其中英特尔浦东、英特尔浦东工厂、英特尔浦东公司均指英特尔产品（上海）有限责任公司。

【推荐序】

我认识卞成刚大约 15 年了。从他早期在英特尔上海工厂担任经理起，看着他一路走来，直到升任为英特尔制造与供应链事业部副总裁和英特尔成都公司总经理。

卞善于在东西方[1]文化中汲取养分，在公司文化建设中，他完美地取得了东西方文化融会贯通的平衡。他在挪威接受教育，随后在中国的外资公司英特尔开启了自己的职业生涯。卞拥有作为一个优秀的领导者的典型素质，他为公司在组织构建、团队建设、情商管理和技术实力方面带来很多智慧。

初次与卞结识的人也许不知道他的性格里蕴藏着挑战危机的精神。卞在上海的职业生涯和生活非常成功，但随着英特尔关闭上海工厂并将业务转移到成都后，他毅然接受了挑战，举家搬迁至成都。当时在中国，没有人会愿意从像上海这样的一线城市搬迁到像成都这样的二线城市，在中国文化中，人往高处走，人们更愿意从二线城市搬迁到一线城市求发展。所以卞

---

1 本书中因为语境不同，有中西方文化和东西方文化的两种提法。东西方文化泛指亚洲和西方文化，而中西方文化专指中国和西方文化的对照。

的这个举动对他的职业生涯和他的家庭都是一个巨大的挑战。

卞看到了他个人在成都公司的成长机会以及成都的发展前景，他可以创建一个优秀的团队，并领导整个公司走向卓越。他对中国团队的未来有远见卓识，我相信他对未来的洞察和设想远远超前于其余的英特尔中国员工。

卞在实践中摸索出一种在中西方文化和哲学中求同存异的方法论，这种中西方融合的企业文化为组织带来了最好的结果——员工满意，绩效卓越。卞在工作中尽最大努力协调公司绩效、员工关怀，以及地方政府、周边社区和英特尔总部的不同目标和文化差异，构建起一个和谐共存的企业文化生态圈。结果表明，卞领导的英特尔成都公司取得了巨大成功，成为在华运营的外资公司特别是高科技生产公司的榜样。

读完这本书后，我要问卞的唯一问题是：我的朋友，你接下来要做什么呢？

布赖恩·科再奇（Brian Krzanich）[1]

英特尔公司第六任首席执行官

二〇二一年三月于美国

1　布赖恩·科再奇，英特尔公司内部以科再奇作为其中文名，后文以科再奇代指布赖恩·科再奇。

【作者自序】

过去 20 年，随着信息技术的发展，这个世界经历了前所未有的融合。更广泛地说，这个世界已经变成了一个超大规模的地球村，村里的每一个成员都互相关联、互相依存。未来的世界特别是新冠肺炎疫情后的世界会变成什么样子，此时此刻，当我在 2020 年 5—10 月写这本书时还很难预测，但是以史明鉴，我们曾经走过的路对于我们走向未来一定是有积极意义的。

2020 年，注定是一个特殊的会被人铭记的年份。人类已经面临生存的巨大挑战，诸如全球温室效应、生态环境被破坏、核武器滥用风险以及非监督机器学习领域人工智能快速发展带来的巨大不确定性（Harari, 2018）。今天我们又遇见了一个很大的黑天鹅事件——新冠肺炎疫情，我们人类应该如何协同合作去战胜疫情呢？我觉得 2020 年应该是这样一个年份，让我们静下心来反思，回顾在过去 30 年中人类是如何互相理解、互相帮助一路走来的。温故而知新，只有合作才有更好的未来。

要写一本关于我过去 30 年在高科技领域工作的书，我有很多方面可以赘述，比如高科技企业生态系统、全球供应链、技术创新和转化、信息安全和知识产权保护、地缘政治对科技生态系统的影响、成本和效益，等等，但是在这本书中我想讨论英特尔公司（1968年成立的美国高科技企业）的软实力。纪录片"美国工厂"讲述了一个中国企业在美国建工厂后努力适应成长的故事（Bognar & Reichert, 2019）。相较而言，我要从外资企业的视角，结合我的亲身经历，讲述一个美国企业在中国"求同存异"成功发展的历程。

这本书共有十个章节，采用倒叙的手法，以讲故事和反思的形式阐述了我们对英特尔文化的学习、吸收、理解和进一步融合的过程，以及我和我的团队把英特尔文化和本土文化有机结合的探索和思考。这在一定程度上是一个缩影，是像英特尔这样的美国大型高科技企业走向全球化，实现"用技术改变世界，让世界更美好"的愿景在中国发展的一个缩影，而我们的努力是让英特尔的文化根植于中国这个市场沃土上，带领中国员工积极参与公司文化建设，呵护陪伴着公司文化发展，让它在中国的土壤中生根发芽、健康成长，而且员工对有中国气息的英特尔文化充满自豪感和归属感。这是一个漫长而有意义的旅程，把西方的企业文化带入中国，与中国文化互相尊重融合，把一些优秀的中国元素加入到公司文化建设中，让一个跨国公司的企业文化，把中国员工紧紧地连接在一起，并与总部文化紧密相连、互相尊重、互相补充。中国员工愿意接受这样一个有本土气息的外资企业文化，而公司总部也愿意看到一个不断发展的有全球视野的企业文化。

　　研究表明，一个跨国公司要在中国生存必须学会"本土化思考，全球化行动"（Park & Vanhonacker, 2007），需要融会贯通当地文化与国际公司总部文化，这样企业才有生命力，员工才有自豪感。反之，一些公司很努力地发展企业，却无法赢得本土员工的心，甚至一些公司不得不退出中国市场，因为它无法摆脱价值观和信仰的冲突和困境。我以为在中国做企业需要遵守政府的政策法规，理解当地的风俗文化，但不需要刻意迎合，这是一种困难的平衡；同样地，我们也需要平衡公司企业文化建设，让员工有更多自豪感，与大力发展生产提高员工绩效的关系。在20世纪80年代，西方世界有一句谚语叫"在中国，万事皆有可能，但没有一件事是容易的"。如果我们把这句话理解为在中国什么事都可以做，那就大错特错了。我们见证了一些企业在生意和员工关系上走捷径，玩双重标准，最后却玩火自焚。英特尔公司第七任首席执行官鲍勃·斯旺（Bob Swan）[1]曾经面对全球英特尔员工说过："如果这是一件容易的事，每个人都可以做，因为这不是一件容易的事，所以英特尔要挑战它，但是如果它违反了商业诚信，那就不值得去做。"也许有人会问：你为什么要花时间分享这些故事和思考？你的分享也许不被看好，或者没有太多共鸣。

---

[1] 鲍勃·斯旺，英特尔公司内部以司睿博作为其中文名，后文以司睿博代指鲍勃·斯旺。

我有几个理由。从小的说，我们有一个十几岁的孩子，他的世界观、价值观正在形成，要做一个对社会有用之人，为人父母，我们乐意成为他的榜样，做有意义的事回馈社会。比如我太太近年来一直在做志愿者，把人工智能知识普及到大中小（院）校。而我，愿意把我20多年在英特尔的职业生涯的感悟和思考分享给大家，希望对大家有用，所以简单的答案是我要为孩子做个榜样，力尽所能做一点对社会有用之事；另一个理由是，我观察到了很多职业新人，当他们刚加入外资企业工作时，会在文化、观念、宗教习俗、政策条例以及生活习惯等方面遇到种种冲突和困惑，我在外资企业的成长历程中"首先尝试去理解，再努力被理解"（Covey R., 2013）的观念和做法也许会对年轻人有些启迪，尝试用不同的办法去追求职业上的成功；最后一个理由，也许有些宏大，我希望我们的故事可以成为许多思想者的素材。突如其来的新冠肺炎疫情让人们反思并寻求改变，生命的演绎、人类的未来在哪里？我想写下我的思考，不论种族、民族和国籍，人类追求着共同的梦想：和平、健康和富裕！

最后，我想利用这本书把我几十年的企业管理的实践、想法、探索做一些总结，我很欣赏的一句话是"领导力是艺术，管理是科学"（Slim, 1957）。管理是一门科学，要面对太多的资源变量，管理者要根据今天和明天的目标调用不同的变量组合。要达到一个目标，可以用不同的变量组合，有些好点，有些一般，一个好的管理者就是在一个正确目标的引导下，在合适的时间点调用最佳变量组合，以达到最优效益。

在分享我的故事前，我还有一些背景材料要陈述：首先是我在英特尔的工作简历，1998—2002年，我在英特尔上海担任IT专员，是信息技术部负责人，承担本地和亚太地区的信息技术管理工作；2002—2007年，我担任闪存工厂的总监和厂长；2007—2009年，我在英特尔一个合资企业担任总经理和资深战略总监；2009—2012年，我在英特尔成都担任总经理；2012年至今，我是英特尔制造与供应链事业部副总裁、英特尔成都总经理。其次是在英特尔20多年的管理生涯中，我管理过各种团队，从不到100人的小团体到几千人的大工厂，它们在不同城市：我在上海英特尔浦东工作过12年，后来在四川英特尔成都工作至今。另一方面，我从纯信息技术工作做起，接着做信息技术管理工作，负责信息技术在办公室的应用，在工厂自动化中的应用，网络和数据中心管理以及企业供应链应用管理；紧接着我的管理领域从信息技术扩展到工厂运营、供应链管理、工业工程、产品与供需对接的客户管理；后来我又做了公司收购兼并工作；接着负责合资公司的运营和公司的商业战略；现在我的工作职责，更多的是一个英特尔海外分公司的首席执行官，负责英特尔公司独资的一个大型的多功能制造企业来支持英特尔全球供应链的运作和管理，并确保公司各个方面卓越运营。

现在我想，你已经有一定的兴趣要阅读这本书了吧。而且本书各个章节相对独立，你可以一气呵成看完，也可以利用零星时间挑你喜欢的章节慢慢阅读!为了尊重有些当事人的意向和隐私,他们的真实姓名已被我隐去了,仅使用业务上的称谓。

现在请慢慢欣赏本书!

卞成刚

二〇二〇年十月于中国成都

【前言】

2020年，在人类历史上，注定是一个特殊的年份。新冠肺炎疫情的泛滥，严重地挑战了我们的认知底线，每一个人的生命是否都是平等的？地域政治的紧张气氛，让我们情不自禁地重新思索，多边主义以及国家、地区间互相尊重，在一个和平世界秩序中，是否仍然是我们应该共同遵守的准则？许多人很困惑：为什么人类共同的美好追求"和平、健康和富裕"，这么难以实现？作为一个个体，我们应该做些什么来帮助我们赖以生存的世界，充满更多的多元包容，互相尊重，至少大家在求同存异中和谐共处？

我是一个中国人，在上海出生长大，在挪威学习生活了7年有余，然后又在一个跨国公司工作了二十几年，我见证或者体验了生活、工作中的许多冲突（由于文化、宗教、政治理念、种族、历史风俗以及种种不同影响了人们的思维和世界观，由此产生了冲突）。

在过去的30年中，我的好奇心让我学到了这样一个转变，从"为什么大家不能互相理解"转变为"我为什么不能理解他们",进一步思考后转变为"我们怎样互相尊重差异,并和谐地生活在一起",我把它定义为"求同存异"理念。而且我观察到,尽管人与人之间有许多的不同,但作为人类,我们还是有共同的希望,比如说我们有共同的梦想,追求和平、健康和富裕。另外,尽管有差异性存在,但在许多国家,我们还是有很多共同的认知,比如,"用你喜欢别人对待你的方式对待别人(己所不欲,勿施于人)",无论是在西方社会还是在中国社会,这一直都是一条黄金准则(Wikipedia, Golden Rule, 2020);再如,人类的诚信,即诚实地讲真话,也是在这个星球上全社会认同的一个共同准则,是评价一个"好人"的最重要的底线。这些准则,无关乎时间、空间。如果我们有一个公共的基本底线和准则,作为人类的我们就有基础继续维持我们追求和平的梦想。

对在中国的外资企业来说,如果要在今后的 10 年、20 年甚至更长时间里维持在中国的业务增长,那就需要考虑以下几个方面:

● 在每件事情上都需要互相尊重。在一个共同的目标和原则下尊重差异,不断向前。在一定程度上,当冲突发生时,用求同存异的理念方法达到动态平衡,并追求和谐共存的境界。

● 要经常观察员工队伍的年龄混合情况,要注意代际交替,以及其面临的相应挑战。如果说从婴儿潮代过渡到 X 代比较容易,因为他们有许多共同性,那从 X 代到 Y 代的代际交替就非常有挑战性，从 Y 代到 Z 代又加入了更多的变量。我猜想，在今后一段时间里从 Z 代过渡到更新的 Alpha 代也不会简单。

● 尽可能避免掉入敏感事件的陷阱，比如关联地域政治、宗教信仰、极端的民族主义思潮，以及各种阴谋论的猜测，等等。

● 经营公司的时候，要维持最高的道德标准，多多实践简单通用的黄金准则：用你喜欢别人对待你的方式对待别人（己所不欲，勿施于人）。

中国历史上一直有和谐共存的做生意的理念：和气生财，这非常像西方社会所说的双赢战略。许多外资企业，一直会在中国市场上存在，只有了解并尊重中国社会的历史、现状以及未来发展，外资企业才能在中国市场上不断发展壮大。

对于已经在或者计划去外资企业工作的人来说，由于时不时的黑天鹅事件导致地缘政治紧张的起伏，这在最近几十年已经发生过几次了。在一定程度上会产生一个让人很困惑的问题：我是不是应该继续在外资企业工作？如果你观察中国的宏观经济就会发现，外资企业已经与国有企业、民营企业共存，成为中国经济发展的三种主要企业形式之一，这种经济混合体的平衡以及相应的供应链和生态系统在今后很长一段时间内将会持续存在，或者永远存在。因为这样类似的混合体在全球成熟市场上已经持续了很长时间，我相信外资企业这种商业模式会继续在中国存在。广而言之，多种经济体的共存是"世界命运共同体"的重要特征。

然后问题也许会转为：为什么我要为外资企业工作，而不是在国有企业或者民营企业工作，抑或是自己创业？当一个人已经不需为最基本的生存而工作的时候，这些问题都变成了灵魂拷问。我要说的是，这是一个关于选择的问题，你要去发现一些公司，其价值观与你个人的价值观是吻合的，或者说，你个人的价值观和公司的价值观是有很大的认同度的，这个准则适合于所有形式公司的选择，不仅仅是外资企业。根据我的观察，许多外资企业之所以能在全球化竞争中生存下来，且其业务在世界市场上，包括在中国市场上，持续稳定地增长，是因为它们有一个全球的世界观和价值体系，能够长时期为全人类服务。比如说英特尔的愿景是"让技术改变世界，让地球上的每一个人都生活得更好"，这跟我个人的价值观非常吻合，我一直努力地学习，希望用技术，用学到的知识本领来改善我和我爱的人们的生活。现在根据自然的多样性特点，人们可以有各种选择，所以我们更需要有"求同存异"的理念，这样大家才能在一个组织里和谐融洽地成长。

下一个问题是，年轻人在跨国公司是否有很好的职业发展前途。现在中国的许多企业已经走出国门，在许多国家拥有分公司，所以这里的跨国公司不仅仅是指在中国的外资企业，也包括那些已经走出国门的国有企业、民营企业。我的想法是进入具有由全球思维主导的公司，你可以一路兼收并蓄地成长发展起来，因为全球化的世界观具有更广泛的认同度。而民粹主义者的思维有着局限性，妨碍跨国公司成为全球领域的领导者。当然，我觉得世界足够大，可以让我们有更多的选择，不管是在外资企业，还是在国有企业、民营企业，只要你努力工作，就都会有很好的收获，都能让自己成为更好的自己。也许有人会说你的想法太天真了，因为极端民族主义者，或者说有明显种族歧视思想倾向的人正在试图想把世界带回单边主义的错误方向。是的，这种情况时有发生，历史会记住这些黑天鹅事件，但是我坚信全球化的发展方向。我的观点是，跨国公司一定会在中国继续存在，许多人会选择在跨国公司工作，就像许多人会选择在国有企业、民营企业上班或者是自己创业一样，但大家在世界观、价值观方面会坚持求同存异，达到一个平衡。

对于在中国的生产企业，特别是高科技生产企业，不管是国外的，还是本土的，一个新常态、新平衡一定会演绎到这样一个阶段：一定的合理的利润额，而不是曾经的巨额利润。如果公司的成本结构优势，仅仅是依靠中国低劳动力成本而获利，那么在将来很长一段时间里，这些公司都很难维持它们既定的利润额。相反，如果公司能够把它们的成本优势，演绎为最大限度地利用本地高素质人才的聪明才智来引领创新，提高生产率和工作效率，用这个方法来抵消中国市场上低劳动力成本逐渐消失的因素，这样的公司才能在中国市场上继续生存。英特尔公司在中国制造业的旅程，很大程度上，是随着低成本劳动力效应逐渐消失，取而代之的是工厂生产率和工作效率大幅提高的征程。我们认真对待员工队伍的代际转换，释放出新生代巨大能量和创新潜能。从底层逻辑上讲，这是一个英特尔在中国运营业务时"尊重与被尊重"的旅程，我们在做每一件事的时候，在对待我们的员工、供应商、客户、合作伙伴时，都遵循了尊重和被尊重以及包容的原则，简而言之，英特尔成都一直在努力成为一个更好的公司。这就像一个人的成长，我们学着成长为一个更好的自己。

对我来说，在追随英特尔制造业在中国的旅程中，有过好多的挣扎，抓住了很多学习机会，沉淀了太多美好的记忆，遇到了许多睿智的人，结交了不少知心的朋友，积累了大量反思：如何做一个更好的员工，更好的管理者，更好的领导者，当然最终成为一个对自己、对家庭、对社会来说更好的人。这是一段丰富的旅程，是追逐求同存异理念的旅程：我们尊重人类有差异性，有不一样，但是我们一起追随人类共同的梦想，遵循共同的准则，我们会继续在人类和谐共存的征程上前进，去追随我们人类共同的梦想和希望：和平、健康和富裕。

但是最重要的是，让我们秉承"求同存异"的理念。

CONSTRUCTIVE 目录
COEXISTENCE

抗击新冠：我们的故事   01
　　突如其来的疫情　002
　　中西不同的抗疫措施　019
　　重新回归的旅程　029

"骏马"项目：突破死结   02
　　历经艰辛促成"骏马"一期　039
　　求同存异再签"骏马"二期　054

追求卓越：英特尔全球质量金奖   03
　　"成都·都成"造就第一个质量金奖　065
　　"成都·都成"成为成都的城市名片　077
　　荣获第二个质量金奖的启迪　081
　　文化传承的力量　087

04 释放新生代潜能：Y、Z 代的管理思考

- 095 管理学中的代际研究
- 103 "摸着石子过河"，X、Y 代的管理探索
- 107 深化多元化管理，拥抱 Y、Z 代转型过渡

05 激情洋溢：小故事，大道理

- 117 "赶走背上的猴子"
- 122 后羿射日的力量
- 125 大鲸鱼和九寨沟壁画

06 回归正轨：从 8·18 停产中康复

- 131 8·18 停产的成因
- 139 在改革中获得新生

07 尊重员工：英特尔浦东关厂的故事

- 震惊，英特尔浦东要关门？　155
- 闪存工厂关闭的故事："以人为本"的实践　162
- 英特尔浦东"完美谢幕"　170

08 战略决定命运：NOR 闪存之旅程

- 两种闪存技术：NOR 和 NAND　183
- NOR 闪存退出历史舞台　188

09 再看泡沫：互联网和全球化

- 与英特尔结缘　197
- 我对全球化的观察　205

10 重塑自己：挪威记忆

211 让人眷恋的校园时光
217 两个小故事的领悟

225 **后记：成都·都成**

229 **译后记**

235 **附录1：我们会坚持到分享故事的那一天**

239 **附录2：英特尔总部官网对作者的采访**

247 **附录3：五星级行为**

251 **附录4：职场发展中的激情、坚持和耐心**

255 **参考文献**

01

抗击新冠：
我们的故事

突如其来的疫情

2020年1月的第2个星期，一年一度的公司年会一如既往地盛大开启，每一个员工都很开心地享用了美食，欣赏了公司员工半专业化的表演，体验了激动人心的抽奖活动。晚会是在成都市中心五星级宾馆香格里拉大酒店举行的，员工们盛装出席，大家一起开心地庆祝2019年取得的好成绩，欢快地迎接农历鼠年的到来。在每年的新年晚会上，我们有个传统和快乐的时刻：隆重表彰年度优秀员工。这些员工在过去一年里传承了英特尔的价值观，并且花费了很多时间做志愿者，服务于社区。新年晚会也为新员工提供了很好的契机——他们可以与相关团队人员互相熟悉、了解、融合。在晚会上我们看到了太多幸福开心的笑脸，大家都在期待着春节长假可以回家团圆过年。我家也是，我们在成都生活，每年春节都要回上海与家人团聚，我家儿子凯文已经开始期待去上海看望爷爷奶奶，并且期待爷爷奶奶给他红包。

大年夜前三天，我们从新闻中得知新型冠状病毒袭击了湖北省武汉市。根据英特尔内部相应流程，我们召开会议讨论了当前疫情形势，并开始讨论紧急响应中心（EOC）的准备工作，启动了紧急响应预备中心（pre-EOC）模式。随后在了解了更多的关于病毒的信息后，我们开始担心形势变化，并达成一些共识：

（1）指导原则：保护公司人员安全最重要，对所有人员（英特尔公司的员工和供应商员工）一视同仁，使用统一的管理保护标准；

（2）实施预防举措，谨慎小心地保护我们的人员，例如，给工作人员分发口罩，密切关注与湖北特别是与武汉"有关联"的人员，劝说他们春节假期不要返乡，也警示那些有旅行计划的人注意防护，避免到湖北省，尤其是武汉市旅行；

（3）对于公司人员，如果他们必须旅行至湖北省，尤其是武汉市，需要在人事处事先登记。

"哇，那时候还非常早。"你也许会说。

是的，非常早，我们已经开始积极主动地预防疫情。准确地说，那是2020年1月21日，春节大年夜前三天。

1月24日（农历春节大年夜）清晨，我们一家从成都飞往上海，在机场时我们没感觉有什么异样，很多人，每个人脸上都带着回家过年的喜悦和迫切，虽然大家已经知道武汉在昨天凌晨 2 点宣布封城，10 点已经开始正式封城。我们赶回到上海是中午时分，到家后，放下行李稍作休息就匆忙赶往餐厅与父母、姐姐等家人一起吃年夜饭。以前我们一般都喜欢在家里吃年夜饭，但我的父母几个月前刚刚搬入养老社区，所以我们就把年夜饭安排在社区附近一家餐厅，这样老人方便些。

因为餐厅年夜饭一般要翻两轮，我们只有两个小时左右的时间可以聊聊天吃吃饭。于是，我们一家大约下午 4 点多就到了餐厅，很惊讶，餐厅里人很少，大厅几乎是空的。我们想是不是哪里不对劲，在我们一早从成都匆匆赶回上海的路上，也许我们错过了什么信息。

"发生了什么？"我问餐厅的服务员。

"我们大约有 50% 的预定都取消了，大多数是在第一批次。湖北武汉封城以后，考虑到疫情的传播危害，上海市政府已经宣布，不鼓励大家聚集在一起吃饭。"服务员答道。

"但是不用着急，如果你想把年夜饭取消，我们会退定金给你，尽管我们已经准备好食物了。"服务员接着说道。

这是我们对于疫情的第一个诧异时刻，我们意识到，新冠肺炎疫情对中国人民生活产生了极大的影响。年夜饭，对中国家庭来说意义非同寻常，再远的孩子都会赶在年夜饭点回家与父母团聚，就像西方国家的圣诞夜家人要团聚一样，父母一直期盼着我们一家从成都赶回上海陪他们过年。

我们在餐厅预定的是包间,稍微评估了风险后,我们还是决定在餐厅陪父母一起吃年夜饭。但是我们在餐厅也没有待太久,吃完饭,就匆匆地离开了,然后在父母的养老社区待了很久,陪陪他们。

1月26日(大年初二),我们又去社区陪父母,本打算28日(大年初四)将父母接出来,但27日(大年初三)我们与社区院长联系时被告知在以后这段特殊时期里我们不能去养老社区探望父母。为了保护老人,养老社区要封闭运行了,这是我们对于疫情的第二个诧异时刻,尽管上海感染人数屈指可数,但是面对疫情高传染力的特征,政府高度重视,迅速采取预防措施保护养老社区的老人。后来,我们春节期间所有的朋友聚会都被取消了,从27日(大年初三)起,我们一直待在家里,度过了人生中第一个冷冷清清的春节。每年春节我们都回上海,主要目的就是多陪陪双方父母,顺便与老朋友见见面。儿子已经习惯了这样的安排,这次离开上海时我儿子悠悠地说了一句:"都是待在家里,我们为什么要回上海呢?"

按照原有的工作计划,过完春节假期,我就要从上海直接坐飞机前往美国参加英特尔总部高层管理人员会议。但是1月26日,在密切关注国内疫情形势发展后,我给事业部负责人,以及我的老板罗宾·马丁(Robin Martin)发了一封电子邮件,请求获准不参加这次的管理层会议。一般年初英特尔全球高级管理人员要在英特尔总部聚会,一起做业务回顾和公司战略讨论,这是一个很重要的高层管理人员会议。

"我请求不参加高管会议，我需要留在成都公司更好地处理新冠肺炎疫情危机，我们会找到办法在保护好我们人员的同时，维持公司生产正常运行，祝我们好运吧。"我在邮件中这样写道。

那时候我已经预感到了一场巨大危机的到来，尽管英特尔成都工厂还在 24 小时不间断地运行，办公室员工还在欢度春节。几天后，我启动了公司的应急响应中心（EOC），评定新冠肺炎疫情危机对公司业务影响的严重程度为 3 级。又过了几天，2020 年 2 月 2 日（一个很有趣的日子），我带着家人，佩戴好疫情防护全套装备，从上海浦东国际机场坐飞机返回成都。在机场休息室，我给事业部负责人的助理打电话，告诉他新冠肺炎疫情新动态：

"嗨，卞，中国那边的情况怎么样？"他关切地问道。

"我在贵宾休息室，这里可以容纳近 200 人，但是现在只有 5 个人，包括我们一家三口。"我回答道。

助理马上明白了中国新冠肺炎疫情的严重性。那时候美国还是歌舞升平，他们无法感受到中国的情况，所以我用我在上海浦东国际机场的体感告诉他事态的严重性，尽管上海距离武汉约 800 公里，而武汉在 2020 年 1 月 23 日已经宣布封城。这是新冠肺炎疫情开始阶段，我们对于疫情的第三个诧异时刻：我们观察到，上海浦东国际机场的客流量不到平时客流总量的 10%。我们惊叹，为了阻止病毒传播，在中国新年期间，大量人口竟瞬间停止了流动。相较于美国在圣诞新年期间约有1.16亿人口在流动（Bloomberg, 2020），曾经的中国春节期间却约有30亿人次在城乡间流动。当时我们也有些害怕，因为那一周中国确诊感染新冠病毒的患者人数上升得很快，幸亏我们做了充足的防疫保护，而且我们那个航班和整个旅程遇到的人中都没有被感染者，我们很幸运。

2020年2月3日，这是节后第一天，办公室员工上班的日子，而生产车间的人员在春节期间一直在加班。我知道应该发生了很多变化，我不知道我们所采取的预防保护措施是否有效，我很担心，所以早上6点多我就赶往公司，车进公司园区的时候，门口的保安叫停了我，给我测量了体温，36.3度，允许通过。我看到我们危机响应小组的成员戴着N95口罩，随时准备为每一个进公司的工作人员测量体温；走进公司餐厅，我看到餐厅的座位已经减少到原来的四分之一，基本上是一张桌子坐一个人，以减少餐厅的人员密度。3月时，我们才从新闻中学到一个新的词语——社交距离，而其实在2月初，我们就已经这么做了，我们必须把人与人之间的物理距离保持在一定限度，尤其在餐厅，以防止病毒人际传染。

大约早晨7:50，搭载公司人员的厂车和员工私家车陆续开进来了，每一个人都戴了口罩，并接受体温检测。按计划，有45%的人员自愿到公司上班，做最关键和基础的、必须在现场完成的工作，其余55%的人员，我们鼓励他们在家里远程办公，但是几乎所有的工厂技术人员都必须到现场来上班，因为他们要在工厂现场操作机器。好消息是，因为生产任务紧，整个春节期间工厂一直在加班运营，所以大部分工人和线上工程师在春节期间一直自愿加班并没有离开成都，这个安排在一定程度上降低了工厂员工被感染的风险。

谢天谢地，我们真幸运！

午餐时间，我又去公司餐厅巡视，餐厅的座位数减少了75%，却发现很少有人坐在餐厅吃饭。原来，我们提供了免费的盒装午餐，公司人员直接拿着午餐去自己的办公室座位上吃了，把餐厅有限的座位留给了没有办公室座位的技术工人和供应商员工。我对公司第一天快速采取的所有预防保护措施感到满意。当然，在后面，我们对防护保护措施做了不少的改进和优化。

现在回想，春节之后回公司的两周即从2月3—16日是最艰难的两周，那个时候，成都的疫情等级还维持在最高危险等级——一级，中国大陆的大多数公司还没有上班（许多城市由于疫情延长了假日），许多人在心理上非常害怕从家里走出来，而实际上我们已有45%的人员返回工厂上班了。

现在让我列举一些我们防范新冠肺炎疫情的措施，当时中国还没有可以参考的防疫模式。详细信息可以在附录2中找到。这个附录是2020年5月20日英特尔总部交流部门对我做的采访，后来英特尔公司向全球员工推送了这个采访。在采访中我详细地分享了英特尔成都的抗疫措施，为英特尔全球各个基地抗击疫情提供了中国智慧、成都智慧。就像我在这一章开始时说的，我们建立了指导性的原则，"保护人员安全最重要，对所有公司人员（包括我们公司的员工和供应商的员工）的保护措施和福利政策一视同仁"，后来我们还加了一个原则，即"公平公正地对待每一位人员"，这两个原则体现了英特尔成都对以人为本理念的深刻理解和对人的最高尊重。这说起来容易，但实施起来并不简单。我们有约 2400 名自己的员工，以及 1600 名供应商员工——他们归属许多不同的供应商，为公司运营提供基础服务。许多公司管理供应商员工时非常小心，以避免陷入共同雇用的管理风险和担忧（Globalization-Partners, 2020），但是"在新冠肺炎疫情面前，没有人应该被区别对待，我们应该用一样的保护措施和福利政策来保护每一位工作人员"。因为这样的原则，我们赢得了所有人的心，在疫情最困难期间，我们的生产也没有全面停止，没有出过差错，为公司 2020 年第一季度业绩的增长做出了卓越的贡献（Swan, Intel Q1 Earnings, 2020）。

现在你大概要说："请分享告诉我，你们究竟做了些什么？"

下面是我们采取的一些措施，它不一定适合别的国家或者城市。

口罩：在不同的疫情时期，对佩戴口罩行为的管理，我们有不同的要求。武汉疫情刚发生时，我们推荐员工佩戴口罩；在疫情初期全国强制佩戴口罩时，我们要求所有人员必须佩戴口罩（公司每天为每位工作人员提供两只口罩）；疫情后期，在园区的不同区域，公司人员可以自主选择佩戴口罩。我知道由于中西方文化差异，对于是否佩戴口罩有很大的争议，我会在后面的章节分享更多的来自我们中国人的看法。这里我需要指出佩戴口罩是我们最重要的防疫措施之一。

测体温： 从办公室员工在春节后第一天自愿回来上班我们就开始正式测体温了（其实春节期间，我们对自愿加班的人员也测了体温）。我们开始测体温的时间比本地疾控中心提出的测体温的时间更早。测体温的确是另一个有争议的话题，但我们很清楚体温检测只是防疫措施，而非诊断举措，有些人混淆了这两个概念。

立即阻止员工参加聚集性活动： 我们完全禁止以下活动——团队建设、商务晚宴、志愿者活动、大中型团队会议、公司培训等。我们关闭了公司所有的体育设施，业务上有重要的会议要召开都放在线上进行，减少访问和旅行到最低级别，只有关系业务发展和最基本生产活动需要的访客才被允许进入公司。简单地说，彻底禁止员工外出聚集。

安全距离： 安全距离，后来也叫社交距离，2月初"社交距离"这个词还没有在媒体上使用，但是我们已经指出安全距离是必须的，在可能的情况下我们必须降低人员的密集度，当人员密集不可避免时，我们必须采取一些非常规的预防措施来降低人员密度，保护我们的人员。最典型的例子是我们餐厅的布置。正常情况下，我们有800个座位，为4000名人员轮流提供一日三餐。人们很难想象，疫情期间我们是怎么做到降低人员密度的。我们把餐厅的座位数量成功地减少到 200 个，后来才慢慢地增加到 400 个，再渐渐地增加到 600 个，最后才恢复到原来的 800 个。后面有一个专门的章节我会讨论保持安全距离面临的挑战。

风险人群管理：我们知道只有一个办法可以让我们的工厂免于被病毒攻击，那就是防范病毒从外面进入工厂。我们采取了一个非常传统但有效的办法，那就是弄清谁有被病毒感染的风险。我们辩论了关于隐私的各种考虑，实施了严格控制，保障安全的流程：对高风险人员（在近期旅行或者接触过感染者的人或疑似感染者）实施登记，实时监控追踪。现在这个方法被称为"密切接触者追踪"，当时我们这样做仅仅是做危机预防管理，虽然我们工厂并没有被感染者，但是我们必须把预防做在前面。也许我们的预防要求有点高，比如在中国新年假期开始的前几天，我们就开始摸排并密切关注与湖北，尤其是与武汉有关联的人员，劝阻他们不要返乡，并且劝导员工不要去湖北，尤其是武汉旅行，当然在疫情初期这么做很困难，因为在国家层面，还没有禁止人员进入湖北，尤其是武汉。但是我们的确阻止了一些员工去湖北，尤其是武汉。

建立有信任感的透明交流机制：我们意识到在新冠肺炎疫情发展初期，由于疫情发展情况不明朗的无形挑战，导致一般员工有了不必要的恐惧心理。恐惧是很容易形成的，但要去除或者减轻员工的恐惧心理却是一个艰难的过程。一定的害怕虽有助于我们在疫情刚开始时迅速建立有效的预防措施，但是我们必须小心谨慎，因为员工会沉浸在害怕中不敢出门，不敢去上班。解决办法就是我们真诚、及时、透明地跟员工交流，告诉员工真实现状——我们有滞留在武汉和湖北其他城市的人员，以及我们建立的所有预防措施。我们放弃了以前常用的邮件通信方式，改用微信交流，这样信息可以迅速传达给公司每一位员工，包括我们自己的员工和供应商员工。在后面的章节我会再详细叙述这一过程。

与本地疾控中心和政府建立实时沟通和磋商机制：在前面谈到的我们家回上海吃年夜饭的故事中，你也许已经注意到中国政府采取非常迅速有效的措施减少人员聚集和流动，那时候其实只有武汉的疫情非常严重，并且封城了，但是其他城市还是执行了非常强有力的管控。我们跟本地疾控中心交流协商，和高新区政府充分沟通，以确保企业在春节期间不停工，继续生产。政府同意我们继续生产主要依据三个事实：（1）英特尔的业务是全球数字经济供应链的一个重要环节，而在疫情期间数字经济是社会生活的重要后勤保障；（2）英特尔成都经过15年的努力，企业对自身有很高的道德合规要求，并且一直践行服务社会的理念，为成都的经济增长和成都微电子生态圈发展做出了自己的贡献，在成都社会积累了很高的声誉和信任度；（3）我们跟政府分享了我们所有的预防措施并实时改进，因此政府同意成都英特尔工厂持续运行，即使在城市疫情处在一级危险期间。当然在这期间，本地疾控中心、成都市政府和四川省政府，也经常派人来工厂检查、监督、拜访和关心。现在回头看这段历程，及时的沟通和磋商，增进了我们公司与本地疾控中心和政府间的信任、理解。

2020年2月8日是中国传统的元宵节，以往在这一天人们会在餐馆、公园、酒吧聚会，庆祝春节假期结束，祈福新一年的美好未来。那时候成都还处在疫情最高危险等级一级期间，英特尔成都公司刚经历一个星期的复工复产，而中国大陆的大多数公司还没有上班（许多城市由于疫情延长了假日），我知道对于我们员工来说这是一个困难而关键的时刻，在元宵节那天，我给公司全体员工写了一封信，"我们一定会战胜困难，坚持到胜利的时刻，然后把我们的故事讲给大家听"。你可以在附录1看到这封信。我们用透明信任的方式与员工交流，赞扬并鼓励他们的勇敢和坚持。我们希望通过这样的交流来缓解员工紧张害怕的情绪。

现在你应该已经了解到中国在2020年2月的情况了，湖北武汉封城了，14亿中国人民非常自觉地待在家中，只有最基本的保障民生的工作在运行，别的工作全部停止。不得不外出工作的人，虽然佩戴口罩和保持安全距离的预防措施让他们安心不少，但是看着空空荡荡的街道，还是会感到很害怕。

为了感谢员工返回园区工作，我们发放了感谢奖金，感谢员工的勇敢和担当。因为我们是第一个进入危机管理的英特尔团队，英特尔总部管理层就很自然地会询问：

图 1-1 "英特尔是一家标杆企业,在保护员工的同时维持生产正常运行。"2020年 2 月 19 日成都市市长罗强(右一)特地来英特尔成都公司视察防疫工作

"你们是否在变相地激励员工返岗?"

"你们是否会被认为是强迫员工返岗?"

我们很认真地与总部管理层讨论了我们的方法,与其让部分员工自愿回来支持最基本的生产运营,不如我们放大感谢的力度,用感谢的方式鼓励更多的员工回来复工复产,并以此来赢得全体员工的心。这是一个"求同存异"的时刻,总部领导信任我们团队会在危机中做出正确的决定。后来,我们把感谢员工的这个方法叫作"内心激励法"(Kouzes & Posner, 2003),并且这个方法在总部被推广应用,当全球各地都开启与新冠肺炎疫情的抗争时,总部向全球自愿回公司上班的员工发放了感

谢奖金。

2020年2月17日，当中国湖北省以外的公司都在努力地想方设法让员工复工复产时，我们建设性地与英特尔全球危机管理中心（CEOC）、本地政府讨论，希望在严格的预防措施和员工支持下向前迈一步：让全体员工返回园区工作。我们与CEOC沟通的一个重要议题是改变政策，从"鼓励在家远程办公"，改变为"建议返回办公室工作"，有特殊需求在得到管理团队批准后仍然可以在家远程办公。我们向成都政府和本地疾控中心展示了我们充足的口罩库存，能够确保每天每位工作人员有两个口罩，同时我们也能保证在餐厅和办公室的安全社交距离，我们制定了严格的管理条例，在园区的任何场合包括在办公室座位上，除了吃饭和喝饮料外，其余时刻都必须戴口罩。在全体员工都返回园区工作的头两个星期，我们执行最严格的佩戴口罩指令，因为有55%的办公室员工是从"家里远程办公"返回办公室工作，这会带来一些新的不确定性因素，已经在办公室辛苦工作了两个星期的员工，会担心这些在家里工作的员工是否认真执行了疫情期间的纪律——始终待在家里没有在外面乱跑，后来对于这个现象，在中国网络上产生了一个新的"谚语"，叫"防火防盗'防同事'"（这是"网红专家"张文宏讲出来的，朗朗上口，非常好记。张文宏是国家传染病医学中心的主任，疫情期间，他不断地专注于疫情防护的宣传交流，成了受老百姓推崇的网红防疫专家）。

从2020年2月17日起，我们严格执行了强制戴口罩措施。大约有96%的办公室员工已经回到园区上班（比正常值低2%～3%），而工厂技术人员大约有98%已经回来复工（恢复到正常值了）。是的，虽然大家有很多的担心和疑问，但是大多数工作人员，包括我们自己的员工和供应商员工，都非常支持复工复产。也许有人会问，这么多人上班，你如何保证人员之间的社交距离。我们的解决方案是，提供免费的盒装午餐，把所有的会议都放在线上召开。回想一下我们的防疫原则："人员第一，用同样的标准平等对待所有的人员"，对于每一位来公司园区上班的人员我们都提供免费午餐，包括我们自己的员工和供应商员工。是的，这些小细节安排触动了所有人员的心灵，缓解了他们的担心。也许有人会问：既然你鼓励在线上开会，为什么要让办公室员工都来园区上班呢？是的，让我们回顾指导原则：平等地对待每一位人员。我们是一家生产型企业，工厂技术人员和设备工程师的工作性质决定他们必须到园区来上班，不能在家远程办公，这些人员是我们公司的大多数人员，所以办公室员工也应该一视同仁呀。另外，在家办公的员工有时要顾及家里人，如照顾他们的孩子或者因网络连接不通畅，无法及时响应，因此有时候工作效率比较低。当然，在特殊情况下，如果员工有合理的理由必须在家远程办公，经过公司管理层的审议批准，我们还是允许的。英特尔总部在2月疫情期间做了员工体验问卷调查，从反馈数据来看，员工非常认可公平一致、全体复工复产的这些原则。我非常高兴地了解到，在问卷调查中，英特尔成都的得分是87%，比2019年上升了2%，比全球平均值高12%。我们一共收到1034份评论，大多数反馈是非常正面的，非常认可疫情期间公司管理层在保护员工和维持生产运行方面所做的努力[1]。

现在我分享一个我们说服英特尔全球应急管理中心（CEOC）改变指导原则的故事：从"鼓励员工在家远程办公"转变为"推荐员工返回办公室——复工复产"。这是另一个很好的例证，显示出英特尔作为一家全球跨国公司，拥抱"求同存异"的文化理念。也许，CEOC会认为"成都疫情控制步伐走得太快"，但是他们信任我们管理团队的领导力和智慧，并祝福我们的复工复产可以顺利进行。尽管CEOC看到，在英特尔全球范围的许多英特尔园区做复工复产是一个艰难的颇具挑战力的斗争。这不是一项容易的工作，就像在疫情开始时候，我们鼓励员工在家远程办公，也不是一件容易的事一样。

在疫情肆虐期间，我感到特别的累，倒不是因为我每天需要用更多的时间来工作，或者我面临被感染的真实风险，而是因为，在疫情发展初期，有太多的未知和不确定性，这导致员工甚至整个社会民众的心理都有一种本能的害怕，再加上无厘头的谣言盛行，更是加剧了这种恐惧。所以我们必须用透明的、双方信任的沟通方式，把事实告诉每一位员工，以阻止员工胡乱猜测而导致更大的害怕。另外，我也注意到，大家都很犹豫

---

[1] 注解：2021年1月，当我重新修改书稿时，我们已经开始探索学习从"员工由于疫情而被迫在家办公"转变为"为员工提供灵活性，可以选择在家办公"来适应疫情后的新常态。许多想法还在尝试中，但是我们已经意识到我们必须改变工作环境来吸引员工并保持工作的高效率。

去做决定，他们把更多的决定权往上推送，希望团队最高管理层做大多数决定，因为大家都不愿意在情况不明朗的情况下做出冒险的决定，这时候我看到了真正领导和寄生性领导的区别，以后有机会，我会在关于领导力的书中更详细地讨论。简要地说，寄生性领导是一种典型的"表面"领导，在顺境中还是可以随大流而行，但在危机时刻就不知所措。

在讨论如何有效与员工沟通之前，让我分享一下我们的管理团队在有些观点上的争论，这个思辨的过程展现了在中国的外资企业对"求同存异"文化理念的实践。我觉得"求同存异"文化是英特尔在中国过去35年一路走来，发展壮大的一个重要因素。就像英特尔前任总裁安迪·格卢夫（Andy Grove）[1]所说："糟糕的公司被危机打败，好的公司在危机中生存，而优秀的公司在危机中茁壮成长（Grove, 1999）。"

---

1 安迪·格卢夫是英特尔公司工号为003的员工，也是公司第三任首席执行官。他成功地领导英特尔公司成为世界上最大的半导体公司。

中西不同的抗疫措施

在新冠疫情防疫期间我们遇到的两个最有争议的话题是：是否强制戴口罩以及对社交距离的定义。

戴口罩：在新冠肺炎疫情期间，是否把戴口罩的措施作为有效的防疫手段一直是一个很热门的争议话题。2020年初，当中国发生疫情时，大家都没有意识到这会是一个有争议的话题。让我们撇开中国以外政客关于戴口罩的奇谈怪论，对于英特尔这样一个高科技公司，关于是否应该戴口罩在公司内部也有很大的争议，这让我和在美国技术开发部工作的同事们感到非常惊奇，一个原本很简单的科学小问题，被加入了太多的社会政治影响就变得复杂了。最早在2020年1月末，当疫情在武汉暴发的时候，我们决定分发口罩给所有人员作为一个预防措施，因为他们会在中国新年到来之际旅行回家，在中国人的观念里，这是一个很自然的选择。我们都知道在人际交流过程中，病毒是通过飞沫在空气中传播的，所以人们戴口罩可以很有效地阻止病毒传播，防止感染和被感染。但是我们的想法遭到一些亚太地区健康专员很大的质疑，这些地区的健康专员不在中国，但他们却一直想告诉我们，戴口罩对预防病毒没有帮助，反而会对人体健康带来额外的问题。我们不能理解他们的思维逻辑，而且因为面对突发疫情需要迅速反应，我们在地区健康专员回复前就已经分发口罩了。而我们公司的员工和供应商员工，非常感谢我们快速的反应和帮助，因为几天后，中国疾控中心就要求人们在公共场合，必须佩戴口罩。这时候人们发现从本地商场购买口罩几乎不可能了，特别是在 2020 年 2 月，中国限制了全国范围内的人员流动，而且因为中国新年假期几乎所有的工厂都停工了，员工都回家过年了，口罩厂也不例外。

面对口罩短缺困境，我们向英特尔总部申请帮助，得到总部的快速和强有力反应，在疫情初期，英特尔的全球供应链发挥了它无处不在的强大优势，在全球为我们采购防疫需要的材料，特别是口罩，充足的口罩供应保障了我们工厂在春节期间和整个二月都没有停工停产。后来我了解到，英特尔总部的资深领导其实对于是否应该佩戴口罩跟我们有不一样的看法，我们把佩戴口罩作为一个最重要的预防手段，而总部不完全接受这个观点，但是，总部支持我们，这就是我想在本书中特别强调的一个观点——"求同存异"的文化理念。接受差异，相信本地团队会根据当地实际情况做出最优决定。在中国的一些外资企业，由于总部对本地团队缺乏信任，所以很难建立"求同存异"的文化和理念，这就进一步导致双方互相缺乏信任，最后业务每况愈下。

当 2020 年 3 月来临的时候，新冠肺炎疫情在全球泛滥，我们全球各个地方的工厂和基地,都开始了抗击疫情的斗争。当然我们的同仁想从中国学一些方法,特别是我们的防疫措施。我们非常乐于与同行分享我们的抗疫经验,佩戴口罩和保持社交距离是我们最主要的防疫措施。非常有趣的是,保持社交距离这个防疫措施在全球更容易被接受,在一些全球会议上,有些工厂的经理们问道:

"当生产线上一些工位没法满足安全社交距离时,我们应该怎么做?"

我们回答是:"戴口罩呀。"

然后对方就沉默了,那时候我才意识到戴口罩也许是个很复杂的、有争议的话题,后来我们的总部健康组织也给出了同样的声音,认为戴口罩并没有实际用处。媒体也开始大量报道中西方国家对于戴口罩理念的差异,在西方国家,甚至有些地方,对于戴口罩的人采取了一些歧视行为,直到4月后期,西方媒体才有相对一致的意见——佩戴口罩是有用的防疫措施。

作为一个工科毕业生,如今在高科技公司工作,我觉得戴口罩是一个最简单有效的防止病毒通过飞沫传播的方法。对于新冠病毒,重要的一点是,在潜伏期就具有传染性,而且其潜伏期甚至可以长达14天以上。许多人开始意识到,"在潜伏期,人们并不知道自己已经生病了",因此,戴口罩不仅是为了保护自己,也是为了防止把病毒传染给周围的人。刚开始的几个月,这种双向保护的共识在很多国家没有被认可,直到后来才被认同，而这，也许对抗击疫情有点晚了。

这里可以加入一些我自己的观察和体验。2020年2月，我开始积极参与由公司组织的捐款活动来帮助抗击疫情，后来我意识到，口罩可以更好地帮助到人。幸运的是，从2020年3月起，在中国市场上可以买到口罩了，所以我和家人就准备冒险采购一些口罩寄给我们在世界各地的朋友。我们联系了许多朋友和家庭，尽我们最大的个人能力陆续快递了几千个口罩（N95口罩和医用外科口罩）。朋友们非常赞赏我们提供的这个小小帮助，有一些朋友还发来清单告诉我们，他们把我们送的口罩分发给了身边的很多亲人朋友，这令我们很感动。

这里有一些有趣的数据：我们发现许多家庭文化与亚洲文化接近的家庭马上接受了我们的帮助，而其余的家庭大部分接受了我们提供的口罩，也有些家庭很客气地拒绝了。我觉得"戴口罩"这一简单行动的背后的确有文化因素、思维方式的考量，等等。我们的初衷仅仅是想帮助我们在国外的朋友们，因为我们经历过痛苦的二月——那段口罩短缺的日子，感同身受。当然，我们也知道，也许会有被误解的风险，我们对自己说："真诚的帮助最重要，即使会被误解。"

现在回头看，我和我的家人真的非常高兴我们做了一件有意义的事情，至少在疫情肆虐期间我们帮助到一些人，而助人为乐最有幸福感。我知道，关于戴口罩的争论还会继续下去，但我们已经看到越来越多的人已经意识到佩戴口罩是一个有效的防疫手段，它可以保护自己和身边的人。

从一定程度上讲，关于是否戴口罩防疫的争论，超越了中西方文化发展的不同，它甚至可以追溯到漫长的历史发展和法制系统建立过程中人类思维方式的演绎。一方面，很多西方社会的法律系统基于普通法系，法律条款来源于各种案件的裁决的积累。而另一方面，一些亚洲国家，比如中国是大陆法体系，即理性的智慧人士一起商讨制定法律条文。在普通法地区的人们的思维模式是更愿意找到证据，证明戴口罩是有用的，这才有说服力，而在大陆法体系的人们更愿意相信专家和权威的声音。比如，在 2020 年 5 月纽约州长科莫的新闻发布会上，他开始呼吁戴口罩是有用的，因为纽约的统计数据显示，工作在一线的护士、运输工人和警察的被感染率是普通市民的一半，因为他们在工作时都戴口罩。这就是典型的普通法体系下人们的思维模式。

所以我的反思是：关于是否应该佩戴口罩预防疫情这个争论，是由人类社会进化演绎过程中很多方方面面的因素决定的，对于人类，只有尊重彼此的文化、历史和社会形态，接受多元文化"求同存异"的理念，我们才会有更美好的未来。

社交距离：这个词语是我们在疫情期间新学到的。在 2020 年 3 月之前，在中国，我们把它叫作"低密度人群"或者"安全距离"，我们需要把人群密度降到一定范围内，或者人与人之间保持一定的安全距离，这样病毒飞沫就很难在这个人群密度或距离内传播，就可以切断人与人之间传播新冠病毒的渠道。社交距离这个词，我们是从媒体新闻里听到的，当然人们还在争议这个词是否准确地描述了安全的物理距离的概念。我个人的感受是，这是一个较精确的词语，形象地反映了当前形势所需，当然有些人会说它有一些不好的隐含意思。

但当我们仔细研究社交距离时，我们发现全世界对社交距离的定义有三种标准，在中国和其他一些亚洲国家，社交距离是 1 米；在大多数欧洲国家，社交距离是 1.5 米；但是在美国，社交距离为 6 英尺（约 1.8 米）。面对同一个疫情，为什么世界上会有三个标准？科学的分析，我们留给医学界去讨论。在这里我要分享我们的"挣扎"和思辨：对一个全球跨国公司，在全球这三种社交距离定义标准的地区都有工厂和分公司，我们该执行哪一套标准呢？

在我更深入地讨论"社交距离"这个困局前，我需要指出一个有趣的现象，前面我们已经谈到佩戴口罩和保持社交距离是两个最有效的防疫手段。但是他们是怎么被引入公司防疫管理体系的呢？以怎样的顺序排列呢？在中国，佩戴口罩是强制指令，然后是 1 米的社交距离，这两个是双重保险的防疫措施。而在欧洲和美国，社交距离是最主要的防疫措施，当疫情刚开始在全世界暴发时，戴口罩并不是一个公众理解并可以实施的方案。因为各个地方实施的防疫措施不同，在其他国家的一些工厂，因工作岗位间的距离没法保持在安全社交距离之上，工人们被要求戴上护脸盾，实际上如果早点引入强制佩戴口罩的措施，护脸盾不一定是必要的。这就造成了后来的很多争议，这不是谁对谁错的问题，而是各个国家在不同的时间点，采取了不一样的疫情防范措施。

对英特尔这样一个全球公司，在面对新冠肺炎疫情时，不同的分公司在不一样的时间段里采取了不一致的抗疫措施，本地的抗疫措施一般是跟着本地疾控中心的要求制定的，这对全球公司的普通员工来说，很难看到一个清晰的、统一的逻辑，因为不一样的工厂基地，处在不同的抗疫阶段，这样的情况下，公司就很难有全球统一的时间戳，让全球步调一致地进入抗疫行动。我们用"社交距离"标准的例子来观察全球企业典型的官僚主义产生的低效率。人们习惯用"高标准"这个理由来指导决策，以保证决策不会出错，对公司内部社交距离的定义，人们机械性地认为 1.8 米的标准肯定是最好的。但社交距离是一个防疫措施，不是法律层面或道德层面的要求，要根据实际情况来看待这个标准：社交距离是如何引进的，是单独唯一的防疫措施还是可以跟别的措施一起起着双重保险的作用，并由此产生社会影响、经济影响，等等。

关于社交距离的争论是什么呢？2020 年 2 月初，当新冠肺炎疫情在中国暴发，四川成都处于高风险感染地区，危险等级为 1 级时，我们在成都工厂实施了很多防疫措施，包括戴口罩和保持 1 米的安全距离，这些措施执行得很好，保护了我们的员工，同时，也确保了生产满负荷顺利运行。进入 4 月，英特尔全球基地开始实施防疫措施，特别强调要确保一定的社交距离，这时候各国不同的社交距离标准浮出水面，一些人根本不考虑"戴口罩"和"社交距离"这些防疫措施在过去几个月是如何演绎的，一味机械地要求全球英特尔基地都实行1.8米（6英尺）的社交距离标准，因为这是"最高标准"，大家认为往最高标准靠拢总是没有错的。但是成都工厂已经实施了戴口罩的强制指令，而且在过去2个多月，我们执行的防疫措施维持了最好的安全和生产记录，况且中国疫情已经从高风险进入低风险阶段（成都在2020年3月19日调为低风险地区）。对于在全球公司工作的员工们，这一幕是不是特别熟悉？于是我们认真地向英特尔总部管理层和全球紧急响应中心（CEOC）汇报，向他们展示，在过去的2个多月里，我们是如何双管齐下，即佩戴口罩和保持社交距离的措施同时执行，希望管理层批准我们继续执行本地的防疫措施，维持1米的社交距离标准。

我们阐述了下列理由：

(1) 中国本地员工会感到很困惑，本来在高风险时期一直执行政府制定的1米标准，现在政府定义成都为低风险地区，反而要执行1.8米的标准。

(2) 要保持1.8米的社交距离，会花费更多的钱，而且我们必须把更多的员工送回家办公，从简单的数学计算就可以看出，在现有的办公空间，我们需要把40%的办公室员工送回家办公。

(3) 如果我们把40%的人转为在家办公，这对本地政府和社区会是一个非常困惑的消息，因为那时候成都地区已经是低风险区域，政府在大力鼓励复工复产。

在"求同存异"理念的指导下，英特尔全球紧急响应中心（CEOC）接受了我们保持1米的社交距离标准的做法，同时在小部分无法达到安全社交距离的工位，我们也同意戴护脸盾，作为特殊的防护，尽管员工已经戴着口罩。是的，小部分工人，需要在戴口罩的同时戴护脸盾。"求同存异"的文化，帮助英特尔在处理冲突时走出困境，如果撇开孰对孰错，一个包容的、互相尊重的文化理念，可以帮助公司用一种平衡的方式，更健康地往前走，当然有些人会把它叫作互相妥协、互相融合。

实时交流：现在让我分享一下我们是如何与公司员工和供应商员工实时交流的。首先感谢微信，我们用微信企业平台账号实时交流，100%覆盖所有的员工，并且通过供应商的微信群，100%覆盖所有的供应商员工。所以，从覆盖率上说，我们的交流信息送达每一位公司工作人员的微信里达到了令人惊奇的100%；其次在每天的紧急响应中心（EOC）会议上，我们讨论有哪些关键信息需要发布，负责交流的专员会迅速地起草发布内容并交管理层审阅，然后同一天信息就会通过微信推送给每一位员工，没有任何延迟；最后我们要求发布的信息内容，尽可能做到透明真实，所以我们的员工和供应商员工可以每天获悉疫情的最新进展以及我们的最新防疫措施。不过这样做，也有一个缺点，因为微信只是在国内中国用户间普遍适用，我们跟总部和别的基地的交流就相对减弱了。后来我们在基地的每周新闻里增加了抗疫的内容，与英特尔全球网络中的别的基地及总部加强沟通，分享我们的抗疫经验。

重新回归的旅程

时间来到 2020 年 3 月中旬，那个时候，湖北武汉仍然在疫情的阴霾下，而中国别的地方却已开始大规模复工复产，尤其是一些工业化率较高的大城市，当然学校还是关闭的。很多专家预言会有第二波疫情，人们开始担心。事实上，从每天呈现出来的疫情数据看，这时候境外输入病例成为国内疫情感染人数上升的主要来源。"外防输入，内防反弹"成为政府的管控口号，所以那时候政府在边境海关的管控力度加强了，开始严控入境人数，严格检查入境人员，当然从境外回来的大多数还是中国公民。

接下来一个月，疫情情况在改进，疫情防控重点转向严防入境，在机场就对入境人员实施检测并送至隔离宾馆，全程闭环管理，有统计数据表明，到 2020 年 4 月 14 日，有 20 万名人员入境，其中有 1500 名人员是被感染者，（Chen, Cai, Lin, Xiang, & Tem, 2020）。到 4 月下旬，境外输入者的感染率得到了控制，政府采用闭环管理的方式，找到被感染者，后来又扩展到找到被感染者和无症状感染者，然后进行隔离治疗。

第二波疫情并没有像猜测的那样在中国再暴发并扩散，但

(单位：例)

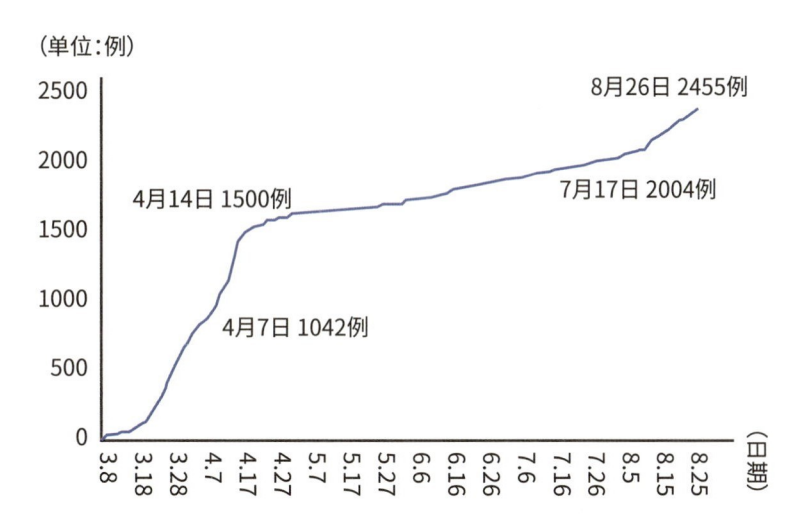

*数据来源：国家卫生健康委员会

图 1-2　中国大陆境外输入确诊病例数量（从 2020 年 2 月 26 日到 8 月 26 日）

是在相似的时间窗口，新冠病毒在全球却传染开了。尽管世界卫生组织早期给出了严重的警告，但很多国家的政府和人民在本国出现病毒的开始阶段并没有引起足够重视，采取严格的防疫措施，以至在 2020 年 3 月 11 日变成全球大传染的现实（WHO，2020）。在疫情扩散期间，有些国家的政客没有把人民的生命安全放在第一位，对此我感到很失望。但是我很自豪，商界的领袖们站出来了，他们不仅保护自己的人员，同时还兼顾业务持续运行。我特别自豪的是，作为英特尔公司高管中的一员，我们很好地实现了自己的防疫准则："保护人员最重要，对所有的公司人员（包括我们的员工、供应商员工，等等）一视同仁，公平公正一致性地对待每一位人员。" 2020 年 3 月下旬，成都已经是低风险地区，公司都在复工复产，但是全球疫情吃紧，作为一个全球公司，我们想要恢复到正常的工作生活秩序并不那么简单。

重新回归的旅程：2020年3月下旬，成都被定义为低风险地区，我们开始很兴奋地憧憬着想要恢复到正常的工作生活秩序中，愿望很强烈，怎么做却不简单，因为不仅仅是员工心理上的恐惧，还有那些维持社交距离的限制。一个非常简单的计算，社交距离意味着每一位人员需要更多的空间，那么原先的设计空间就不够，我们能够让多少人员回来上班呢？我们的指导原则是：既要符合政府的复工复产要求，又要保障合理的社交距离。

现在你也许意识到，社交距离的长度定义，决定了公司能够容纳多少人员来复工复产，我们称它为新常态状况。如果按照中国卫生组织的社交距离的定义是1米以上，假设N是能够在公司工作的总人数，如果社交距离增加到1.5米，这就意味着约70%*N的人员可以到公司工作，如果继续增加到六英尺（1.8米），则只有约60%*N的人员可以到公司工作。对于会议室，倒没有限制，因为人们可以通过在线交流。对那些提供临时的、敞开式办公区域的公司，办公室的问题就有点复杂了，很幸运，英特尔成都没有全部转换为敞开式的办公环境，大约95%的办公室区域依然是传统的格子间模式，隔板高1.6米，这样很好地把办公区域的人员隔离开了。所以会议室和办公室空间是足够的。

对我们来说真正的挑战是餐厅位置的设置，那里是人员聚集的地方，也是人员密度最大的地方，"人以食为本"，我们应该尽量为员工提供舒适且安全的餐厅环境。我们花了不少时间创新性地实施转变，详细地制定了四阶段计划来安排座位和提供就餐服务，希望公司人员跟随计划走：

阶段 1：高中风险时期，我们仅提供原先座位的 25% 的餐位，提供 100% 免费的午餐盒饭，所有人员可以把盒饭带走到办公室吃。

阶段 2：中低风险时期，我们提供原先座位的 50% 的餐位，提供 50% 的盒装午餐，和 50% 的小锅菜服务，让大家自由选择就餐方式。

阶段 3：低风险时期，我们提供了原先座位的 75% 的餐位，又在后花园开辟了 25% 的席位，来确保社交距离。同时提供了 25% 的盒装午餐。我们非常谨慎小心地恢复到以前的服务水平。

阶段 4：新常态时期，我们在室内，提供了 75% 的座位，室外后花园提供了 25% 的座位，咖啡厅供应恢复正常，同时提供了 10% 的盒装午餐供大家选择。而现在我们就处在新常态时期。

3 月中旬，当成都进入疫情低风险时期，我们尝试了很多措施，来帮助公司人员克服恐惧心理，适应疫情下的新常态生活，但这不是一件容易做到的事情，相较而言，在 2020 年 2 月快速建立防疫措施应对疫情更容易一些。当时疫情大敌当前，大家齐心协力与它斗争，而在新常态下要克服看不见摸不着的恐惧心理则很不容易。在实践中我们逐渐摸索出一套方法，有效地平衡谨慎的预防措施以及由此可能引起的员工的恐惧心理之间的关系，根据当时当地形势在"新常态"和"抗疫"状态间切换，以尽量保持正常的工作生活。2020 年 12 月，当我整理这本书时，成都突然小规模暴发了本地感染的疫情，大家快速有效地从"新常态"切换到"抗疫"模式，并且当本地疫情被快速歼灭后，又迅速切换到了"新常态"模式，对工作生活都没有造成太大的影响。

另一方面，总部应急响应中心（CEOC）也有了不一样的思考模式，当疫情刚开始在中国发生的时候，总部的思考模式是倾听，提供必要的帮助，给本地的应急响应中心最大的权限做决定，相信本地工厂管理层会根据本地健康委员会和政府的要求，做出最明智的决定来保护公司人员和维持业务运行。但是，当中国的疫情已经被控制，而疫情在中国以外的世界各地暴发的时候，总部应急响应中心快速切换为制定全球性的防疫指导原则和行动，这就好像，在爬山的时候我们已经翻过山顶，在山的另一边，可以看到美丽的日出和美妙的自然风景，而大部队还在山的这一边，在努力地爬上山顶。而且，对于总部应急响应中心来说，他们很难理解我们已经翻过山顶所看到的美景。一定程度上，这种"全球一致的标准行动"计划也称为"一刀切"方法。

英特尔是一家跨国公司，如果把公司在世界各地运营相对应的地方政府和疾控中心的要求，这些不一样的变量和差异直接导入到"全球标准流程"讨论制定中，这将变成一个典型的跨国公司有效运营所面临的巨大挑战，所以"一刀切"不可行。在这里，我不想对英特尔总部管理层在抗击新冠肺炎疫情中的表现做事后总结，只想对"求同存异"的文化理念做一个反思：外资企业要想在中国的土壤上生根发芽，一个很有效的实践就是在公司文化建设上与本土文化方面求同存异，追求和谐共存的境界。我相信许多外资企业在中国已经有求同存异的文化信仰，这能够帮助企业克服很多的挑战，就像英特尔成都公司曾经经历过的。

在结束这一章节前，让我分享一下我们公司现在的状况（2020年5—10月当我写这本书的时候），第一季度我们实现了计划生产目标4%的增长，这个数据支撑了英特尔成都在2020年第一季度的盈利，成为我们公司一个新的历史最好业绩（Swan, Intel Q1 Earnings, 2020）。接着，第二季度的盈利也非常好，在2020年8月25日，总部同意我们成功把本地紧急响应中心（EOC）的工作降下帷幕，在我23年的英特尔职业生涯中，这是EOC运作时间最长的一次。从2020年4月28日起我们实现了双零：零感染、零隔离，而在2020年2—3月的疫情高峰期我们总共有194个人员（英特尔员工和供应商员工）有过被隔离的经历，幸运的是每一个人都安全地回公司工作了。

额外的补充是，在2020年7月7日，公司防疫进入后疫情

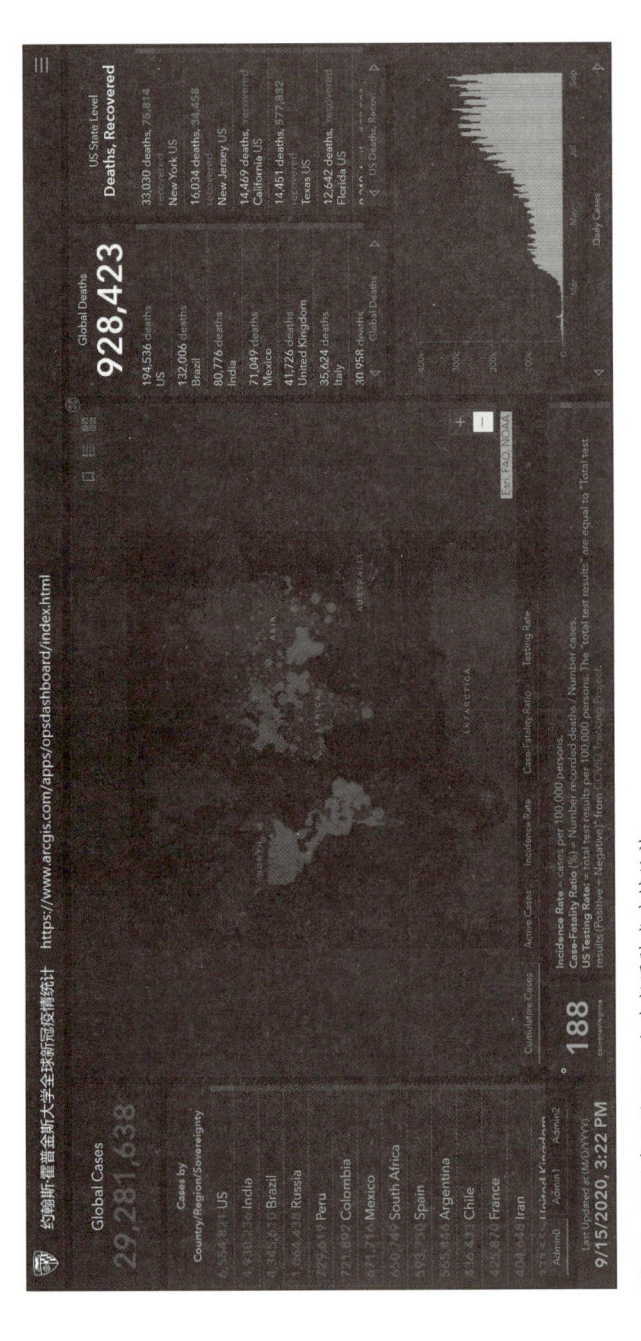

图 1-3　2020 年 9 月 15 日全球新冠肺炎疫情统计

*数据来源：美国约翰斯·霍普金斯大学全球新冠疫情统计

恢复第三阶段，虽然我们不可能完全回到疫情以前的日子，但我们定义了新常态：有条件地开放一些公共设施，组织一些集体活动，因为企业创造力、生产效率和办公效能的提高，需要工作人员和团队有一定的社会互动和连接。我的看法是，对部分员工来说，我们可以给他们提供灵活性的选择——"在家办公"或者"混合型在家办公"。我们在尝试适应疫情后新常态下的工作和生活，这跟以前相比，当然会有些变化。

对于在中国的外资企业处理新冠肺炎疫情危机，我的反思有这些：首先保护公司人员，其次考虑企业的经营发展；充分利用全球供应链优势；确立"求同存异"的理念，追求和谐共存的境界。我们从危机中生存下来了，起初中国被疫情击中，且我们并没有一本应对疫情危机的指导书，但我们努力在危机中探索出了一条路，我曾经向我的员工们许诺，要分享我们在危机中的故事，而这就是其中的一部分。

我希望当你看这本书的时候全球的新冠肺炎疫情已经接近结束或者有所缓解，而我们的故事、我们对"求同存异"文化的反思，也许会对那些希望世界变得更美好的人们，产生一点价值。

02

"骏马"项目：突破死结

2020年1月13日，我代表英特尔公司与成都高新区政府签署了一份新的总发展协议，作为"骏马"项目二期（至2029年），英特尔公司将继续投资十几亿美元。我清晰地记得，在2020年1月9日成都市政府与成都外资企业的感谢晚宴上，我跟时任成都市市长的罗市长聊起这件事，由于签字流程有些繁琐，我请市长帮忙加速流程。市长雷厉风行，在饭桌上就与相关政府人员成立了项目跟进小组，小组成员在周末与我们团队对接，连续工作，终于在1月13日2020农历新年前签署了协议。

现在回看，幸亏那时候我们抓紧时间签署了这个协议，当然政府跟我们公司都认为这是一个正确的决定。如果协议签署时间拖到春节后，情况就复杂得多，因为政府跟我们公司的工作重心都转移到抗击新冠肺炎疫情上了。

历经艰辛促成"骏马"一期

为什么"骏马"项目这么重要呢？简单的回答是：这个项目让英特尔成都在英特尔全球的生产网络里有了自己很强的竞争力以及富有前景的机遇。详细分析我会在本章节慢慢讨论，在观念上我们突破了"鸡和蛋困局[1]"的死结。也许人们会抱怨说，不确定的中美关系和低成本劳动力的逐渐消失等让外资企业在中国发展有许多门坎。然而，这些困难在世界上任何地方都会遇到，不仅仅是在中国，但在中国要克服这些困难也许更具有挑战性，我们经常会遇到这样的场景：

总部高层经常会问："在我们决定给你或者别的地方更多的投资之前，请给我们分析一下有什么好的回报呢？"资本逐利，这是典型的资本思考的路径。

而当地政府会说："嗨，外资企业，请你告诉我们，你们

---

[1] "鸡和蛋困局"是一句西方谚语，用来描述在某种情况下，不可能确定哪一种情况先来，然后导致另一种情况。它也常被用来指陷入僵局的两难境地，即有关各方都不愿意做出妥协。

愿意投资多少呀？你们愿意对中国市场有多长时间的投资承诺呢？只有知道了这些数据或者承诺后我们才能评估应该给多少鼓励措施和优惠政策呀。"政府要评估外资企业的投入，对地方经济的拉动、对 GDP 和就业的贡献以及对生态圈建设的影响。

真实的场景当然会更委婉些、复杂些，我只是夸张地简化了这样一个思考和交流的过程。

在中国工作的外资企业高管是不是对我所描述的思维逻辑感同身受？特别是，当我们本地高管已经洞察到中国业务有巨大的成长机会以及非常优惠的奖励政策，但有时候却很难说服总部进一步加大在中国的投资时。

也许人们会把这种现象描述为大公司体制的无效率，或者说一个好点子在庞大的系统层层审视中慢慢衰竭直至最后死亡（Augustine, 2020）（McQueen, 2016）。

2011 年时，我们开始认识到，公司在政府那边获取的优惠政策再过几年就要到期了，这些政策是让英特尔成都在英特尔全球生产网络中具有竞争力的原因之一。优惠政策包括：税收优惠、特殊专项优惠，以及配套的自由贸易区和高新区内的便捷运营服务。虽然那时候我们的生产规模已经非常巨大，我们的年产量有 2 亿到 3 亿个不同种芯片，产品家族包括移动处理器和芯片组。我们同时也认识到，像许多中国生产企业一样，我们必须减少对低成本劳动力的依赖，以前那种靠低劳动力成本发展的赢利模式在中国已经很难继续维持下去；取而代之，我们需要继续开发作为高科技企业自身的优势，维持和营造我们的微电子生态系统，充分利用本地的税收优惠政策，提升企业自身的创新能力以及提高企业的产能效率。我们要用这些措施来弥补因为劳动力成本的升高以及政府一些优惠政策的结束而可能导致的利润下降。那么一个很现实的问题是，怎么办呢？我们看到"鸡和蛋困局"的死结不断出现，有时当我们企业运行很好的时候，情况甚至变得更糟。因为总部会问：

"你们工厂已经满负荷运转，或者说公司各方面资源已经充分利用了，为什么还要投资？为什么要现在投资？"

我们费了九牛二虎之力不断地研究怎么打破这个死结。在英特尔公司总部，我们尝试与不一样的业务部门讨论，提供给他们几种商业模式看看有没有投资合作的机会。对成都本地的政府，我们跟他们说：

"我们有可能在成都投资更多的项目，能不能扩展你们的优惠政策时间表或者提供更多的优惠政策？"

有几次的商务谈判双方都已经很接近了。当时总部的一个中国业务事业部需要扩展，我们请这个事业部来成都共同发展，项目已经谈得差不多的时候，那个事业部负责人说："我没法让我的销售部和市场部员工跟一个有着严格的纪律管理的工厂员工一起工作。"也许人们会说："怎么会有这么离奇的理由？"事实上许多外资企业，特别是那些有着垂直汇报构架的外资企业，各个事业部有时候表现得好像是在不同的公司，所以时任英特尔首席执行官的鲍勃·斯旺特别强调建设企业文化，形成同一个英特尔的合力。

还有一次我们也几乎与其他部门快要达成合作了，那是设想建立一个创新解决方案中心。我们设想与软件部门合作，侧重发展中国云服务软件综合解决方案。英特尔首席运营官布赖恩·科再奇负责评估这个项目，他后来成为了英特尔第六任首席执行官。事件追溯到2012年，如果英特尔中国在那个时候做成这个业务，也许会改变现在中国市场上云服务的市场份额和格局，不幸的是，我们没做成。当时软件部一些领导一下子过于激情高昂，提出招聘200名工程师的人事计划，而那时候英特尔总部正在努力地把许多分布在全球的小型研发中心合并整合，因为在英特尔更快发展赢得新业务的道路上，合作和效率成了一个减速的因素。我清晰地记得那个晚上，2012年6月13日我们要在总部圣克拉拉（Santa Clara）做最后一轮业务计划讨论的前一个晚上，科再奇给我发了一封邮件：

"卞，问题是我们需要知道从政府那里我们可以得到什么，在这之前，我不是很肯定我们需要召开这样的业务会议。"

科再奇把邮件转发给了英特尔软件事业部的负责人，这时候我意识到，我们又回到了原点，陷入了"鸡和蛋困局"。

虽然我们在本地公司的战略扩张上继续陷于困惑，且没有取得任何进展，但是我们在日常运营中还是不断追求卓越。事实上，我们觉得需要用英特尔成都的卓越绩效表现向英特尔同人们展示我们是谁，我们有能力做得更多更好。我们有一个三年计划，希望英特尔成都公司能够申请英特尔团队的最高荣誉奖：英特尔年度质量金奖（IQA），这个奖项是从美国国家质量奖马尔姆波多里奇奖衍生出来的（Baldridge, 1981）。

2012年9月，在英特尔总部圣克拉拉最高执行机构会议上，我们向时任英特尔第五任首席执行官的保罗·欧德宁（Paul Otellini）和高级执行副总裁们组成的评审团展示了"成都·都成"的故事，科再奇是其中的核心会员。我们第一次赢得英特尔年度质量金奖，"成都·都成"的故事成为英特尔成都的一个闪亮标签，我们"把不可能变成可能"。在第三章我会详细介绍我们两次赢得英特尔质量金奖的故事，这是我们对于卓越管理和战略的思考。但是有一点很重要，没有持续的生产运营的卓越绩效，做好最基本的工作，战略也就无从谈起。

在公司战略层面，当我们还在继续困惑于"鸡和蛋困局"的问题时，我们对自己说，让我们勇敢地冒一点风险，往前迈出一小步吧。我们跟政府里信任的顾问进行了深入探讨，进一步理解了政府对高科技行业扶持的兴趣和渴望，以及政府能给予我们多大程度的支持。后来在2013年，我们成功地安排了一个重要的礼节性会晤：时任成都市市长的葛红林和英特尔第六任首席执行官科再奇在北京会面。

2013年9月18日,葛市长与科再奇见面了。见面地点在北京的全球商贸中心英特尔的一个会议室里,那是我参加过的最"奇特"的会议之一,中国政府的高级官员和英特尔首席执行官一起坐下来开会,而那个时候其实我们并没有一个呼之欲出的业务合作方案,而且因为科再奇刚被任命为首席执行官才几个月,因此他做事非常谨慎。两位重量级人物的见面寒暄,虽简短但气氛友好,会议比预期提早结束,尽管并没有任何实质性的协议出来,但会后我却感到很满意。直到几年以后,我才意识到,"求同存异"的文化,在那一刻,以这样一种巧妙而特殊的方式,在中西方文化之间架起了连接的桥梁。现在让我谈谈我的领悟,虽然是我又花了几年时间后才领悟到的。

首先,我们的首席执行官科再奇对成都有了一个好印象,因为,他知道成都市市长带着他的得力干将,特地飞到北京开会,这显示了中国成都市的态度,市长的行为已经很清楚地表明了成都对英特尔业务的认真和热忱。而且成都市葛市长对英特尔首席执行官也有了很好的印象。科再奇刚上任几个月就来北京,在有限的时间内他愿意挤出时间跟成都市市长寒暄,尽管还没有一个明确的项目要谈,但双方都对对方的诚意和相互尊重留下了深刻的印象,信任的种子已经悄悄地播种了,也为今后的友好合作做好了铺垫。

这次见面以后在2013年的第四季度事情有了一些眉目。英特尔公司技术开发与制造事业部（TMG）负责人、英特尔全球高级副总裁比尔·霍尔特（Bill Holt）授权我们与成都市政府进行试水性接触，公司总部有意向把一些新的技术落地到成都，想看一下成都市政府能不能提供很好的优惠政策。鉴于合作信任的种子已经早早种下去了，成都市政府非常愿意跟我们坐下来仔细谈谈投资计划。起初成都市政府以为我们的新技术仅仅是现有工厂的一个计划升级，因为这个技术涉及到全新的领域，成都市政府在开始时并没有完全理解我们要做什么，但是政府方面却给出了一个很明确、很清晰的信号：

"欢迎英特尔公司以任何形式到成都持续投资。"

我通过多种渠道和机会，确保我们的首席执行官科再奇和事业部负责人比尔支持这个新的工厂技术落户中国成都，当时有些担心有人利用美国出口限制这条政策来卡新的技术落户中国，但是我们工厂持续的卓越绩效，在公司运营合规道德方面的良好记录，以及对英特尔知识产权保护持续不断的努力，让我们很自信英特尔总部会公平公正地评估英特尔成都接受新技术的可能性。

2013年12月14日，我的老板罗宾·马丁，全球封装测试部总经理，英特尔全球副总裁，给我发了一封邮件：

"最新爆炸新闻，比尔已经决定没有技术限制，高端测试技术可以在成都落户。我们现在可以制定进一步与政府谈判的计划,当然现阶段这要保密。"

当我收到这封邮件时,我感到特别高兴,因为我们马上就要突破"鸡和蛋困局"的死结,现在我们手上已经有一个"带着一定条件"的项目可以跟政府去探讨了,看看政府会给我们什么优惠政策。尽管那个时候政府还不完全明白我们的最新高端测试技术是什么,不能完全判断是不是值得给我们一些优惠政策。

本着互相尊重的原则,成都市政府组建了一个团队,时任市长葛红林有着企业家的思路和情怀,也有较强的技术背景且思想开放,团队成员以成都高新开发区的官员为主,关键成员王女士,时任成都高新区领导,是政府方战略和谈判的主要构思者之一,她有一些前瞻性想法。我意识到要想完全打破死结,必须让协议双方都感觉到这个协议带来的机会和重大意义,这样谈判才会有一个很有吸引力的开端。

2014年2月20日,我邀请了总部技术开发副总裁来成都开技术研讨会,给成都市市长和他的团队介绍我们最新的高端测试技术。纳维德(Navid),时任技术开发部副总裁(现在是产品开发部的全球副总裁),是这个新的高端测试技术的负责人,他在这个领域已经深耕了10多年,这项新技术拥有工业界最新的知识结晶以及几千项技术专利,即使在今天,我们已经利用该技术大规模生产5年了,但在工业界还没有发明出相似的高端测试技术。这项高端测试技术能够针对复杂的半导体产品实现超高灵活性设置，且产品只有非常短的周期循环时间，有着高良品率以及很低的生产成本，并且在能源节约和环境保护方面也做得非常出色。感谢我们的技术大牛纳维德，给成都市市长和他的团队成员做了很好的技术层面的介绍，展现出我们引进的是一个非常高端的测试方面的新技术。

从会议大厅走出来的路上，葛市长转向他的团队说："我们应该支持这个'骏马'项目，这对成都未来经济发展有重要意义。"

"骏马"这个名字，是在先前的一个小规模的会议上（这个会议上只有葛市长、罗宾、纳维德、葛峻和我），葛市长给项目起的名字。在这个会议上，我们刚刚同意达成一致。因为2014年是中国农历的马年，中文名"骏马"，寓意一匹健硕的骏马，能够长时间快速地奔跑。项目的英文名称"金马"（Gold Horse）则是从中文的"骏马"转译而得。

虽然，我们已经给政府方面介绍了即将上马的"骏马"项目的技术含金量，政府希望项目落户，但是开始阶段双方的谈判还是很艰难。因为政府方面也尝试着去理解高科技公司必须在产品和技术上快速不断地更新换代，才能立于不败之地，用一个简单的比喻来描述这一情形就是，你要让一个非专业人士理解摩尔定律的内涵，他没有身临其境，的确是很难理解这个内涵的。感谢王女士，在2003年英特尔公司全球制造产能扩张，需要在全球找一个基地开设新工厂时，她是英特尔落户成都谈判时政府方面的关键人物之一。她意识到在高科技领域有一个残酷的竞争事实,即技术必须不断更新,在2—3年的生命周期中,技术只有不断地进阶,或者跌下领先地位,没有一个可以长时间维持的中间状态。她努力地让政府各方人员的思维统一到这样一个事实:要么支持英特尔成都不断升级技术,使其更上一层楼并做大做强,要么看着英特尔成都在技术端慢慢地衰落,最后退出中国市场。

当政府小组成员对新技术生命周期更新换代深刻理解后,他们意识到必须做出选择,帮助英特尔成都引进新的测试技术,以实现技术的更新换代,这对成都经济发展和英特尔成都公司都有很重要的意义。其实,早在2012年,成都市政府和英特尔成都公司各自请第三方咨询公司做了调研:引进英特尔公司对城市宏观经济的蝴蝶效应,双方咨询公司得出了类似的结论:英特尔公司的1美元投资能够在供应链和生态圈的第一链产生10美元或者说10倍的效应,并进一步产生涟漪效应,在第二生态圈向外扩至100美元或者100倍的经济效益。事实上,中国经济在过去40年的快速发展也可以用蝴蝶效应理论来解释:由于信息技术的呈指数级发展和创新经济的驱动,导致西方国家高新科技产业的汹涌溢出,需要大量外包、外迁先进制造业,而中国正好在改革开放,引进外商直接投资(FDI)的浪潮中建立了大量的工业园区,就这样一拍即合,机遇加巧合,使许多外迁企业落户中国(施展,2018),这些先进制造业继续产生蝴蝶效应,带动了中国经济大规模快速发展。

长话短说，这时候成都市政府和英特尔公司双方团队都愿意坐到谈判桌上，看看有哪些款项可以加入到协议里。当然官方语言是说英特尔对"骏马"项目有多少投资额，政府会有什么样的优惠政策，2014年上半年，这几个月里正式或者非正式的商务谈判进行了很多轮，但是双方并没有达成一致的意见，我们感觉被卡住了。

2014年初夏一个周六的晚上，我给葛峻（时任英特尔副总裁，中国区政府事务部总经理）打电话：

"嗨，峻，我感觉现在双方就像男女朋友谈恋爱的状态，因为一些小小的意见不同，大家互相不退让，这不太好，我们能不能先走一步破冰？"

"卞，我非常同意你的看法，我们已经在主要原则上达成了一致意见，我们应该向前迈一步，来表示我们最大的诚意，希望双方能够达成协议，下周我会坐飞机到成都，让我们再开个会，大家真心诚意地跟刘先生和王女士一起交流。"

刘先生时任成都高新区主要领导，成都市常委，是一个非常年轻务实的政府官员。同时我也跟我的老板罗宾交流，他也有着双赢的想法，并且已经意识到我们尽了最大的努力与政府谈判。罗宾有着20多年的在不同的亚洲国家与政府交往的经验，包括在中国大陆与政府交往的10年经验。

几天后，我和峻、刘先生、王女士以及其他政府官员在高新区会议室接洽。我们表达了想要达成双赢的强烈愿望，希望政府也能够提供最好的支持。这次会议开了很长时间，但却没有实质性进展。在会议中途休息的时候，峻和我交换了一下意见，我们想试试直接跟刘先生推心置腹地交谈，看看会发生什么。在接下来的会议里，我们要求和刘先生单独交谈一会儿，他同意了，然后我们就移步到旁边的小会议室里继续交谈。

"刘书记，我们愿意退一步，希望高新区政府也能谦让一步，这是我们降低的需求。"峻和我，很坚定严肃地重复着我们新的立场。

刘先生看了我们几秒钟，然后说："让我给葛市长打个电话。"他走出房间，几分钟后，他回来说："成交。"并与我们握手，接着我们走到大会议室，分享了我们的喜悦和谈判的最新进展。"骏马"项目谈判又向前迈了一大步，取得了重要进展，双方从主要原则上达成了一致，发展到互相同意投资计划，确定了相关的优惠政策。是的，还有许多细活要做，很多细节和条件还要继续谈，还需要几个月时间。最后，在2014年12月3日，双方共同宣布签订协议。

回忆那几个月，英特尔总部的几个高管，访问了英特尔成都。比尔来了两次，第一次是为启动协议的谈判，第二次是为签订协议。英特尔的两位董事会成员也来访问过两次英特尔成都，封装部总经理罗宾每个季度都到成都来访问，也特别关心我们谈判的进展。我们在谈一个价值16亿美元的投资项目以及其涉及的相关激励和税收优惠政策，从这个角度讲，英特尔总部是在非常认真地承诺投资，同时英特尔总部管理层也迫切地想要确保选择了正确的地方投资。换言之，总部对投资有着相关的评估标准，如团队有很好的绩效表现、可持续健康发展、认真执行正确的道德标准、有技术竞争力和符合英特尔的文化，等等。当然我们通过了总部的评估，因为自从 2009 年发生员工停产事件以后，英特尔成都的管理团队一直致力于团队的文化建设，这会在第六章谈到，"回归正轨，从 8·18 停产中康复"。

在"骏马"一期项目实施上我们有一个争论，是把这个新的测试技术放在一个新的工厂，还是用来升级现有的工厂。新建一个工厂大约会增加 6—9 个月的建造时间，当然费用也会更贵一点；但是，升级已有的工厂非常具有挑战性，因为现有的工厂已经满负荷运行，每年已经有 1.5 亿芯片组产量。本地的技术团队建议新建一个工厂，加入一些大胆的想法，并缩短建厂时间，但是总部的技术与制造部团队建议利用现有的工厂，升级改造，这样可以用最快的速度完成施工。在几轮头脑风暴和辩论后，我们达成了"求同存异"的结论，"保留我们的意见但是接受总部的决定"，那就是升级现有的工厂。在第三章我会详细介绍芯片工厂整合的故事，那也是个典型案例，显示出"成都·都成"精神已经融合在我们英特尔成都团队的基因里了。

当我们签署了"骏马"项目的主协议后，我们马上开展了一些关键行动：整合芯片组工厂，组建一个团队来运行新的工厂，精心挑选约 100 名种子员工去国外英特尔总部技术开发部学习新技术。

每一项工作都需要钱才能开始，但是当我看到第一份总部研发部门给出的近亿美元的预算时，我还是非常吃惊，我知道这是不可能的。所以我们仔细审查讨论每一项内容，最后成功把预算削减到原来的 60%，但是总部管理委员会还是没有批准我们的预算。我知道时间紧迫，现在晚一天达成一致意见，我们的启动时间就会少一天。我知道我的小组成员必须仔细核对预算每一项最详细的内容来确定可以削减经费的地方。还记得当时我问了信息技术部的总监：

"你知道从数据中心 1 到数据中心 2 的光纤长度吗？"

"下，我们会给你一个非常精确的长度。"信息技术部总监回答。

一年以后，人们告诉我信息技术部员工做到了精确测量，在他们的团队建设中，用步点测量两个数据中心的光纤长度，尽管这些光纤是放置在天花板上的线槽里的。是的，我们要求团队成员详细地核查每一项内容，精准预算，最后我们把预算控制在原预算的 35% 以内，让预算得到了总部的批准。最重要的是，我们在预算内提前完成了任务。

时光飞逝，2016年11月18日，在历经了9个月的工厂升级改造大量的机器安装后，这个高端测试工厂被成功验收。2019年底，这个工厂为分布在全球的英特尔封装制造部提供了近10亿份精准测试后的晶片。

求同存异再签"骏马"二期

我们在前面提起过摩尔定律,不久我们就意识到要想在激烈的竞争中获胜,我们必须通过更快地升级设备和制程来提高芯片的性能,并针对特定负载可定制化的加速模式以及使用场景来获得客户的青睐。高科技公司的竞争就是这么残酷,这也是摩尔定律被人津津乐道的深层原因,技术必须在一段时间内更新换代。

为了推动"骏马"项目持续支持基于最新制程的最新产品,我们意识到,我们不能用尽现有的一切资源。事实上,"骏马"项目的投资速度,比我们2014年计划时的投资速度大大加快了,且提前了几年,这对本地经济发展来说当然是好事,但是,对英特尔成都发展来说,却不是我们最想要的状态,因为我们拿到的优惠政策会因此而提前几年结束。

2018年初,我们跟英特尔总部谈论我们的业务预测和计划,可能大家已经想到了,我们进入了另一轮"鸡和蛋困局"的讨论,就像我们7年前经历的一样,当然也有不一样的地方,那就是我们比以前更有经验了,我们在积极地事先预防"鸡和蛋困局"的死结出现。从英特尔在中国过去 35 年成功的运营中我们学到了一些经验：有一个值得信赖的本地团队，在当地可以及时地改变战略和行动，来配合竞争激烈的业务，让公司成功运营，尽管在总部的管理层不一定能感同身受。再重复一遍，是公司的"求同存异"文化，让本地团队获得正确的战略和行动的自主权，最后赢得竞争。一些外资企业，要么走得太"左"，要么走得太"右"。如果太"左"，所有的决定都要总部做，常常不能睿智地做出每一个及时的决定，导致丧失契机。如果走得太"右"，外资企业在本地的运营则会游离于总部的指导和文化建设，这就像放飞的风筝，丢失了它原来的目标。

"求同存异"不仅仅是一个战略或者行动的方法，它更是一种理念，或者外资企业的一个文化元素。特别是那些在中国有分公司或者地区总部的全球公司，希望在不一样的文化、政治体制、风俗习惯和市场中生存发展壮大，就必须拥有一个强烈的纽带——尊重彼此的差异，为公司的最好前景，进行互相融合的文化建设。

2018 年，为了"骏马"二期项目实施，我们成立了一个具有特殊任务的工作小组，并制定了一个战略计划，来扩展我们的"骏马"项目。当你在阅读这本书的时候，我们已经把原来的"骏马"项目，称为"骏马"项目一期，而把我们后面的扩展项目称为"骏马"项目二期。

根据以往的经验，我们在英特尔总部和成都市政府层面同时沟通。在政府层面，我们利用很多机会让他们理解高科技公司必须不断地进阶升级、快速进步，才能在激烈竞争中生存下来。我们不断地跟政府强化这样的游戏规则，就如逆水行舟，不进则退，如果我们不及时更新技术以使它符合市场和客户的需求，那我们就会完蛋，所以我们必须不断地向前。在总部层面，我们持续地查看我们的产品路线图以及相关的课题，看看是不是有关键节点，让我们必须升级技术来支撑业务，这样我们就需要及早地去跟政府协商沟通，争取拿到优惠政策。一系列的因素促使我们把战略进一步往前推进：一是英特尔10纳米制程技术的延迟，使得英特尔的产品发展规划被拖延，供应链就会更多地且更长时间依赖14纳米制程上的产品；二是由于客户需求的多样性，导致我们产品的复杂程度增强。这就很考验工厂的测试能力来确保产品质量，由此需要更先进的测试技术来提供保障。如果这两个因素是我们策略往前推进一步的内在缘由，那还有一些外部因素也影响着我们的战略：

过去几年中美贸易战以及地缘政治的变化，在一定程度上影响了中美人民的感情，幸运的是，英特尔的愿景是"用技术改变生活，让生活更美好"，这并没有跟政治挂钩；另外，在过去几年中，随着中国经济的快速发展和中国实力的增强，中国人民的民族自豪感油然而生，各种内生的创新源源不断。这些因素或多或少地影响了政府对外国技术的兴趣和投资意愿，尽管我们的"骏马"项目二期计划已经放在总部高层管理人员的办公桌上，但时间在嘀嗒嘀嗒地流逝。

2019年10月1日，中国的国庆节，我们陪父母、姐姐、妹妹几家人在上海迪士尼度假。国庆节当天，我在上海迪士尼远程参加了英特尔总部高层的讨论会，在会上我被安排向总部高级管理层汇报"骏马"项目二期计划，但是一些别的投资项目的讨论占据了整个会议的时间，以至于没有时间留给我来汇报我们的项目。也许人们会说这又是一个例证，总部的复杂体系降低了公司做决定的效率，但是我把这个时刻理解为公司需要"求同存异"文化的一部分，尽管没有轮到我发言，但是在中国的国庆节假日，我代表英特尔成都参加了这个会议，展示了我们本地团队的真诚、耐心以及对总部高层领导的重视和尊重，这一点总部管理层是深刻感觉到了的，一切尽在不言中。

几周后，事业部负责人授权给我们启动谈判。但是留给我们的时间不多了，因为西方的圣诞节和中国的新年就要到来。让我先直接告诉你结果，2020年1月13日，在快马加鞭、紧张激烈的商务谈判后我们和成都市政府签订了协议。是的，正好赶在新冠肺炎疫情在中国暴发前签署了协议。当然，在我们抓紧时间签署协议时，我们并不知道一个大的疫情正在来临。当时我就有一种感觉，在中国新年前签署协议，比在很小的细节上争论不休更有意义。事实上，我的心态来自于英特尔第七任首席执行官司睿博的激励。

2019年10月11日，司睿博第二次访问英特尔成都，他希望我们："梦想更大，行动更快，跳得更高！"

2019年圣诞节前，我们成立了一个很小的特别任务小组，开始了紧密而繁重的谈判过程。在此期间，我直接跟总部的高层领导沟通，尽管这在西方最大的节日——圣诞节期间（我记得在圣诞夜，我发了一个谈判更新后的结果给我所有的领导）。因为前期我们做对了两件事，确保了谈判可以快速进行：第一，我们利用了"骏马"项目一期的框架，这是我们跟政府之间，谈了6个月时间达成一致的协议，英特尔总部和成都市政府都非常同意我们在这个框架上继续谈判；第二，在"骏马"项目一期的双赢理念基础上，以及项目实施后呈现的现实状况，给成都市政府留下了深刻的印象——2016年第一阶段"骏马"项目上线后，给成都的微电子生态系统和城市经济发展带来了巨大的推动，成都市政府已经体验到这些变化。

2019年1月9日，时任成都市市长的罗强先生邀请我和我的团队参加他的迎新晚宴。我不记得在晚宴上吃了什么，但是，我清楚地记得我们的交流富有意义，市长非常愿意与我们的团队深入交谈我们的业务、公司运营以及我们对成都这座城市的期许。往常新年前，市长会在市政大厅举行感谢晚宴，与近20个主要外资企业领导人座谈。我感觉也许他觉得在这么一个大型场合，很难与企业在技术和业务层面做深入交谈，所以今年有些改变。按照传统的中国式商务晚宴形式，我利用这个机会，请求市长帮助——在"骏马"项目二期课题上加速签署协议，因为现在政府方面只是在非常小的细节上有些考虑。

在参加晚宴前市长是有准备的，他马上安排了一位关键成员协调解决这些小差异。4天后,即2020年1月13日,我们与成都市政府签署了"骏马"项目二期主协议。根据协议,我们继续享受成都市政府的优惠税收政策,这样我们就可以在全球英特尔生产中继续保持我们的竞争优势,尽管我们的低劳动力成本优势已经在逐渐消失。

2020年10月,当我们回头看曾经经历的紧张谈判过程,我们情不自禁地欢呼,能够在这么短的时间内双方互相信任并达成了协议。很难想象,当后来中国面临严重的新冠肺炎疫情时,我们是否还能够顺利达成该协议,特别是在2020年2—4月期间。因为无论是成都市政府,还是英特尔高层,都无心在艰难的抗疫斗争中再抽出时间去谈判新的投资协议。

谢天谢地,有时候时间节点真的很重要。

而且在新冠肺炎疫情期间,中美关系和地域政治变得更加复杂。在这种情况下要想达成协议的复杂度就会大大增加。我想说,在协议谈判过程中,是英特尔公司的"求同存异"的文化元素,让我们能够在本地快速地采取行动,因为没有这个文化元素,总部在圣诞假期时段,可能就没有这样的急迫感。有了"骏马"项目二期主协议,英特尔成都就可以继续保持它的竞争优势,并启动新一轮技术的更新迭代。

图2-1显示了从2016年启动"骏马"项目一期以来,英特

(单位：亿元)

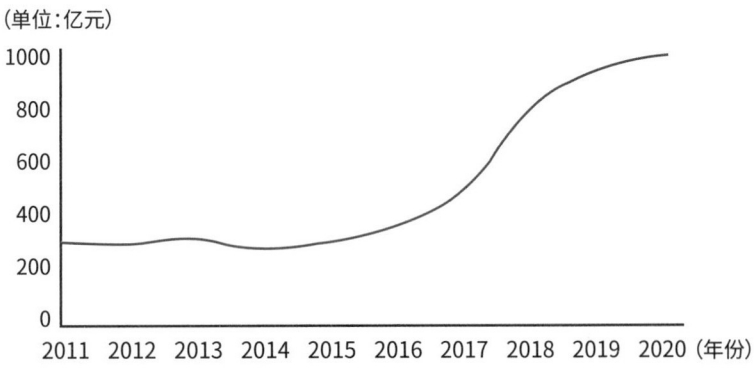

图 2-1 英特尔成都公司工业总产值

尔成都公司工业总产值[1]（GIVO）显著上升的趋势，这是一个经典的打破"鸡和蛋困局"的案例，英特尔总部带来了最先进的测试技术，收获了巨大的经济效益。而随着英特尔成都的"旗帜"效应，我们已经观察到它对成都经济的拉动以及对成都微电子生态圈产生的巨大蝴蝶效应，使成都的经济更上一层楼了，所以这是一个很好的双赢范例。

战略决定了命运，同时，战略有时候也会随着机遇改变。战略让公司管理层看到公司内部和外部的形势，从而随时调整公司的战略方向（Burgelman & Grove, 2002）。在我们的例子中，战略构想帮助我们保持了竞争优势。在中国，当制造业低劳动力成本的优势逐步消失的时候，我们必须开发新的途径来提高效率，激发创新。

---

1 工业总产值（GIVO）是衡量在中国的工业企业规模和业绩的公开经济指标。它是以货币形式表现工业企业在一定时间内的工业产品总量。

03

追求卓越：英特尔全球质量金奖

在我继续分享故事前，让我回顾一下过去 10 年英特尔成都公司发展的关键时刻（倒序）以及我们曾经接待过的总部的重要访客。这些事件一直伴随着我们追求卓越的旅程，值得我们回顾。

- 2020 年 1 月 13 日：英特尔制造与供应链事业部副总裁卞成刚签署了"骏马"项目二期主协议。

- 2019 年 10 月 10 日：时任英特尔第七任首席执行官的司睿博访问英特尔成都。

- 2018 年 11 月 5 日：技术与制造事业部负责人访问英特尔成都。

- 2018 年 2 月 2 日：英特尔成都第二次获得英特尔全球质量金奖。

- 2017 年 3 月 30 日：时任英特尔首席财务官的司睿博访问英特尔成都。

- 2016 年 11 月 18 日：技术与制造事业部负责人和几位英特尔全球副总裁访问英特尔成都，并参加高端测试工厂认证庆典。

- 2014 年 12 月 3 日：时任英特尔全球高级副总裁的比尔·霍尔特访问英特尔成都，并宣布"骏马"项目（一期）启动。

- 2014 年 11 月 6 日：时任英特尔董事访问英特尔成都。

- 2014 年 10 月 27 日：英特尔全球副总裁罗宾·马丁签署了"骏马"项目（一期）主协议。

- 2014 年 7 月 21 日：时任英特尔董事访问英特尔成都。

- 2014 年 3 月 31 日：时任英特尔全球高级资深副总裁比尔·霍尔特访问英特尔成都。

- 2013 年 6 月 6 日：时任英特尔全球总裁和参加在成都举办的 2013 年全球财富论坛的 45 个跨国公司首席执行官们访问英特尔成都。

- 2012 年 9 月 6 日：英特尔成都第一次赢得英特尔全球质量金奖。

- 2012 年 8 月 7 日：时任英特尔董事会主席的布莱恩特访问英特尔成都。

- 2012 年 4 月 4 日：卞成刚被任命为英特尔制造

与技术部副总裁。

- 2011年6月27日：时任英特尔首席运营官，后来成为英特尔第六任首席执行官的科再奇访问英特尔成都。

- 2010年10月25日：时任英特尔第五任首席执行官的保罗·欧德宁访问英特尔成都。

- 2010年9月16日：时任英特尔董事的查琳·巴尔舍夫斯基（Charlene Barshefsky）访问英特尔成都。

- 2010年3月26日：时任英特尔全球高级副总裁的科再奇访问英特尔成都。

这是一份长长的英特尔总部领导视察英特尔成都，以及英特尔成都发展的关键时刻表。这还没有包括我的直接领导罗宾·马丁（英特尔全球副总裁）这些年对英特尔成都的持续不断的关心，我们的很多故事中都有他的踪影，在很大程度上，他是故事的一部分。他也许可以被称为是最好的地区领导典范之一，是跨国公司特别期许的高级人才。他坚持以人为本，对业务有资深的理解，并秉承多元文化，有着包容的智慧。当然，他在美国还有一些合作伙伴，在全球公司里面这个模式被称为二合一（Two-in-One Box）组织架构。

"成都·都成"造就第一个质量金奖

英特尔全球封装测试部的各个生产基地分布在不同国家，这些合作伙伴也都具有开放的思想，他们尊重不同国家不一样的文化元素。我们跟这些领导们都有很好的合作，我对他们对我们的指导和关心心存感激，并一直记着他们的名字——史蒂夫·梅格利（Steve Megli），时任英特尔副总裁，现在退休了；弗兰克·琼斯（Frank Jones），时任英特尔副总裁，现在退休了；莫森·阿拉维（Moshen Alavi），时任英特尔副总裁，现在是英特尔全球质量部门负责人。这些领导们经常来视察英特尔成都，帮助我们理解总部的想法和战略，并把我们的故事及时分享给总部，尽他们最大的努力，建立起总部跟我们之间的强烈纽带。史蒂夫特别有激情、有想法，帮助我们解决了战略方面的困惑，即在第二章谈到过的"鸡和蛋困局"的问题。有一次，我们在总部圣克拉拉，要跟科再奇一起讨论英特尔成都的业务发展计划。我到会议室早了一点，就等在会议室门外，而会议室的门锁着。"卞，不着急，我有密码。"史蒂夫从后面走来。"我有密码，因为我必须经常跟科再奇讨论，这是他的房间。"一定程度上，因为这些总部领导的铺垫，我们跟总部管理层讨论我们的业务发展计划时才没有感到突兀，他们是纽带，他们理解总部的战略，也理解我们本地的实际优势，感谢他们，已经在总部为我们铺垫好相关背景。

回到我们这一章的主题：我们如何不断地与英特尔总部分享我们的故事和想法，让总部了解英特尔成都是怎样一个团队？我们能做什么？我们具有什么样的能力和文化？对一个全球公司来说，在各国不同地方有很多分公司，这些分公司如何让总部了解自己，这是一个很大的挑战。英特尔公司当然也不例外，而且英特尔的总部架构极其复杂，比如英特尔上海的研发中心——一个约有 2500 多名员工的分公司，居然有 200 多条向总部的垂直汇报线。英特尔成都的汇报线还相对简单且清晰，但我们始终面临一个挑战：如何建立一个与英特尔文化相连接的可持续发展的充满激情的企业文化，并以此来驱动公司达到卓越绩效，特别是把我们的雄伟发展战略和文化建设的实践有效地传递到总部。换言之，如何在英特尔总部树立英特尔成都的品牌。许多分公司的总经理也许会跟我有相似的思考：分公司在总部的品牌，与公司在市场上的品牌，或者说公司在员工眼中，在客户和合作伙伴眼中的品牌一样都非常重要。如果没有一个积极向上的、有连续性的、可信任的品牌，就很难获得业务的发展，同时很难赢得员工的心，以激励他们努力工作，取得更好的业绩。关于如何赢得员工的心，我们会在第四章详细展开。

在 2010 年中国农历新年前的战略规划会议上，英特尔成都的管理团队聚集在一起，庆祝 2009 年的好成绩，制订 2010 年的计划以及今后几年的战略规划。对于一个像英特尔成都这样的初创公司，我们需要战略层面的研讨会来制定一个长期规划，后来我们把它叫作"'成都·都成'蓝图"。在会上我们很深入地讨论了每一个战略目标，并把几个问题放到了桌面上。

"我们怎么知道我们做得很好？"

"我们的员工怎么知道我们做得很好？"

"我们的总部怎么知道我们做得很好？"

随着辩论和讨论的不断深入，我情不自禁地询问我们的管理者团队："你们知道英特尔质量金奖（IQA）吗？我知道 IQA 可以回答上面所有的问题呀。"

令人惊奇的是，当时管理团队中没有一个人了解英特尔质量金奖，更不要说有相关的经验了。但是当我解释了什么是 IQA，IQA 在英特尔管理文化中的角色和作用，以及赢得 IQA 的难度，团队中的每一个成员都变得很兴奋。我第一次意识到，因为这个具有挑战性的美好目标，团队的凝聚力以及"成都·都成"的精气神被点燃了。随后我们制定了目标，争取在 3—5 年里赢得 IQA。简单来说，英特尔质量金奖（IQA）是英特尔总部每年授予全球少数几个绩效最好的分公司或大型团队的最高荣誉奖。

一年后，即 2011 年中国新年到来前，一个真实的考验不期而至，考验我们英特尔成都是否具备拿下 IQA 的实力。当时我们已经安排了所有的员工休一个多星期的长假，许多人已经开始返回自己的家乡与家人团聚，包括我自己，也已经返回上海过年了。

2011 年 2 月 2 日，中国大年夜的傍晚，我正开车送我的父母和家人一起去餐厅与我的岳父岳母一起享用传统的年夜饭，我的手机响了，一看是谢丽·博格（Sherry Boger）[1] 打来的电话。她是英特尔成都芯片组工厂的外派厂长（现在她是英特尔代工事业部副总裁）。春节时她留在成都，代理行使总经理职责，她喜欢成都，希望在成都感受一下热闹的春节气氛。

"嗨，卞，我们遇到了一个大麻烦，我们必须详细讨论一下。"谢丽的语气中透出了担忧和焦急。

那是一个很长的通话，我把家人送到饭店，在餐厅包间外（我的家人在包间内享用年夜饭）站着打了一个多小时的电话。长话短说，我们的一个芯片组产品 CougarPoint（CPT）有产品质量问题，所以现在必须把整条生产线暂时停下来，召回所有已经发出去的芯片，并且把问题解决后的新替代产品在 10 个星期内发到主要客户手中，否则会造成英特尔约 10 亿美元的营收损失。十万火急，怎么办？毫无疑问，这对英特尔成都来说是

---

[1] 谢丽·博格在中国工作时英特尔公司为其译名为雪莉·博格。

一个巨大的现实挑战，这种芯片组大部分在成都生产，而我们的员工都已经放假，回家过农历新年了。

时间就是一切，谢丽和我决定召回最少数量的工程师和技术人员，准备重新开始生产 CPT 的工作，同时等待美国福尔松（Folsom）产品部门尽快提供一个新的测试程序。我们很快安排与工厂的管理团队开会，同时各级主管打出了近一百多个电话，安排工程师和技术人员自愿返回工作岗位上班。尽管这是中国一年一度最大的春节假期，事实上，许多员工刚刚旅行返回到家里，很多家庭安排了春节旅游计划，还有的员工，人还在机场中转站，但他们都义无反顾地自愿接受召回指令。我们非常感动地看到，经过一个晚上，在新年大年初一这天，100 多名员工自愿返回工厂工作，接下来的故事就是我们怎么激励团队，完成不可能完成的任务。在中国新年春节以及后面的几个星期，我们加班加点地生产了足够多的替代芯片，并及时把产品送到了不同的客户手中，甚至在有些客户意识到英特尔芯片有问题之前已经给他们替换了产品（Angelini, 2011）。事实上，我们大大缩短了生产替代品的周期，从正常周期的 3 个月时间缩短到 8 个星期，完成了约 3100 万替代芯片的生产，其中 95% 的芯片产自英特尔成都。

在这次 CPT 恢复事件中，我们收获了两个很重要的启发，它们对我们"成都·都成"的文化带来了深远的影响。第一个启发是，我们可以用故事来凝聚员工，激发员工的活力，这在第五章会详细地讨论；第二个启发是，可行性思维，会改变人们对于如何完成一件事的想法（Craft, Cremin, Burnard, & Dragovic, 2012）。

什么是英特尔公司的可行性思维呢？史蒂夫，时任英特尔副总裁、封装测试部二合一的总经理、英特尔"可行性思维"的推动者和授课老师，给出了如何做可行性思维的一个很好的方法论解释，具体包括下面几步：

第一步，有一个清晰的现状描述，以及一个激进且可以检验的目标；

第二步，不断自问我们怎么做才能到达那里，打破常规思路，启动脑洞大开模式创新地达到目标；

第三步，引领团队一起欢快地朝着目标努力；

第四步，协调资源，最关键的事件应该得到最需要的资源；

第五步，尽可能驱散团队对失败的恐惧。

当时在紧要关头，我们改变员工的常规思维，释放创新灵感，采取不一样的解决问题的思路和方法，最后成功及时交付。我想说，用故事来凝聚员工，带领团队用可行性思维模式挑战不可能，中西文化与思维方式在这里以一种求同存异的形式互相交织融合，取长补短，最后让我们取得了卓越的成绩，在 2011 年为英特尔避免了约 10 亿美元的营收损失。

如果 CPT 成功恢复还不足以让英特尔总部确认我们有资格第一次拿 IQA，那我们在中国自由贸易区首创的高效率运作模式进一步让总部刮目相看，在 10 年前的外资企业生态环境下这是首创，而且完全合规。记得在序言里说过，面对改革开放后打开国门的中国，西方世界有一句谚语"在中国，万事皆有可能，但没有一件事容易办到"。自由贸易区专指中国政府规划设置的一块封闭的保税区域，在这个区域里面，业务运行享受一定的税收优惠，但是这并不意味着每项运作都是免税的，如果业务需要享受优惠的税收和便利的贸易政策，必须符合中国海关的一系列规定。由此人们会说这很公平呀，必须在海关监管下享受特殊的优惠政策，但是在具体实施的时候，人们意识到"没有一件事是容易做到的"。

一个典型的例子就是资产管理。根据海关监管的要求，每一件进出自由贸易区的物品，都必须被精确登记申报追踪，不管这个物品是像大巴士一样的大型机器，还是像螺丝钉一样小的物件。许多人也许会说这也不是什么大不了的事，但是对英特尔公司来说这是一个巨大的挑战，英特尔自身有很高的道德合规合法要求，企业运营必须 100% 合规，同时每天（包括国家法定节假日）有几百万种不同的原材料、零部件、大型机器设备和产品进出自由贸易区，有时候情况会变得更复杂。当我们的产品在中国各个城市的保税区中运送时，每一个保税区有略微不一样的本地政策运行流程和实践，并不像我们以为的那样全中国只有一个保税区流程和政策。

2010 年，我们设法让英特尔总部帮助我们（在系统里）设立一个专用的结构，符合海关监管的合规要求，以打破多年来我们在保税区物品追踪方面的困局，并请求他们不要再问我们别的公司是怎么做的，因为许多公司，是等等看再做，或者以后再处理。英特尔总部花费了 2 年时间，近 200 万美元，开发了一个系统，希望它适合所有在亚洲的分公司，但是很不幸，失败了。然后总部允许我们试试本地自己的系统：自由贸易进口追踪系统（DFIT），以及相关的流程和数据库。

2012 年 9 月，当我们第一次去美国申请 IQA 评奖时，我们展示了 DFIT 系统解决方案以及其清晰的解决路径，它完全符合中国海关合规的要求。同时我们与中国成都海关紧密合作，创新地开发了各种前端系统，来缩短我们成品的发货时间，从平均一个星期缩短到小于三天，缩短了 50% 的时间。这又是一个典型的例子：在外资企业总部和本地分公司交流中如何充分应用"求同存异"这个文化元素。显然，英特尔做了一个正确的选择，让本地团队拥有更多的权力开发本地的系统解决问题，代价是近 200 万美元的损失以及 2 年时间的耽误，最终换来允许本地团队的自主开发。

在我们第一次申请 IQA 时，我们知道，业绩对英特尔成都很重要，同时谁去向总部展示以及总部是否对英特尔成都有一定的了解也很重要。我们有很多故事讲述如何激发新生代的激情和创新活力，我会在下面两个章节继续详细探讨。这里我讲一个小故事，我们如何成功邀请到英特尔第五任首席执行官保罗·欧德宁在 2010 年到成都访问。

2010 年 9 月 14 日早晨，我的手机响了，是杨旭（时任英特尔中国地区总裁和全球副总裁）给我打的电话。

"嗨，卞，英特尔董事查琳·巴尔舍夫斯基[1]在中国访问，她想了解更多的英特尔业务在中国的发展情况，她想参观成都工厂，想与你有些交谈。"杨旭说道。

"欢迎欢迎，我们会带她看看。"我马上非常自信地回答。

几天后，查琳·巴尔舍夫斯基来了，幸好当时我们刚装修完一个很小但是非常精致的咖啡吧。我们从本地的西餐馆里点了一些披萨饼，这样就可以舒适地、有仪式感地跟她好好聊聊。咖啡吧是我们工作环境改造大计划中的一个小部分，我们先带她参观了工厂，然后布鲁斯·艾特肯（Bruce Aitken）（我的财务总监）和我陪着她边吃午餐边聊天，我们谈了很久也谈了很多，如中美关系、WTO 谈判内幕花絮、中国的发展潜力，以及英特尔在中国的发展战略，等等。午餐结束时，她问道：

"卞，你需要我带什么信息（或者需要总部什么样的支持）给英特尔首席执行官？"

"我们一切都挺好，暂时不需要总部特别的帮助，如果可

---

[1] 查琳·巴尔舍夫斯基在 1997—2001 年担任美国贸易首席谈判代表，她是中国加入世贸组织谈判时美方的首席谈判官，曾经担任英特尔公司的独立董事。

能，我们希望邀请英特尔首席执行官来成都视察。因为，这里的员工好几年都没有看到英特尔首席执行官了。"经过几秒的思考，我小心翼翼地回答道。

"好，我会告诉他这个邀请，下周我们有个董事会议，休息喝咖啡时我会告诉他。"查琳·巴尔舍夫斯基笑着但很坚定自信地回答。

让我惊讶的是，两周后，查琳·巴尔舍夫斯基给我发了一封简短的电子邮件：

"卞，我跟欧德宁谈了，他同意大概在今年第四季度来成都看望员工们。"

哇，真不敢相信，我们就这样邀请到了英特尔首席执行官来访问成都。既没有走标准规范的程序，也没有通过首席执行官办公室层层复杂的申请手续，像许多书中谈到总部文化时所描述的那样（Bryant, 2011）。直到几年以后，我才认识到，这种"没有森严等级"的心态和想法在很大程度上滋养了对"大胆"行为和方法的包容，人们觉得这样挺好的，这就是一定意义上的求同存异，用今天的流行语说，包容的文化元素，意味着人们也许不习惯这种做法，但是他们可以选择跟它共存，尊重差异。

2010年10月25日，我们欢迎英特尔第五任首席执行官欧德宁访问英特尔成都，我们的员工太兴奋太开心了，纷纷与首席执行官握手合影。首席执行官参观我们的工厂时，员工对工

图 3-1 英特尔成都团队在荣获 2012 年英特尔全球质量金奖后与时任首席执行官保罗·欧德宁合影

作的满腔热忱以及成都团队的青春活力给他留下了深刻的印象，当然我们朗朗上口的口号"成都·都成"也留在了首席执行官的记忆里。2010 年这个短暂而记忆深刻的访问，让我们在英特尔总部高级管理层做 IQA 演讲时（2012 年 9 月 5 日）更容易些，因为我们的小故事让首席执行官马上就回想起在成都的所见所闻。演讲后的第二天早晨，欧德宁打电话给我：

"卞，成都团队今年赢得了 IQA 大奖，谢谢你们为英特尔价值观做出的表率。"

那天是 2012 年 9 月 6 日，一个令人记忆深刻的日子，我们第一次拿到 IQA——英特尔全球质量金奖。

事实上，在我们第一次赢得 IQA 奖的前一个月，2012 年 8 月 7 日我们还有一位非常重量级的访客，时任英特尔董事会主席布莱恩特。他的访问不仅仅是要"眼见为实"我们做得很好，同时要再次确认英特尔在成都的投资是正确的决定。尽管他的访问超级低调，但我们仍然带他看了成都城市的发展，让他与员工自由交谈，感受英特尔成都的多元文化气氛，并充分利用他的智慧，帮助我们一起审视英特尔成都的战略路线图，这其中他也看到了"鸡和蛋困局"，在第二章时我聊过的"骏马"项目。

在一个讨论会上，他轻轻地微笑着跟我说："卞，我听说你有些很激进的想法。"他指的是我发给科再奇以及一些总部领导的那个激进大胆的业务计划蓝图，希望能够借此打破发展的困局。显然，总部官员们是互相沟通的，你可以看到总部对英特尔成都的关心，以及我们的点点滴滴在总部留下的痕迹。

"成都·都成"成为成都的城市名片

2013年5月16日，科再奇成为英特尔第六任首席执行官，他是从技术与制造部土生土长起来的，就像英特尔前面几任首席执行官一样，安迪·格卢夫和克雷格·巴雷特（Craig Barret）[1]，都是在英特尔内部人选中脱颖而出的。科再奇以前就跟成都有很多的交集，一定意义上"科再奇在成都已经有很多的足迹，他对成都有很好的印象"，罗宾·马丁说，因为英特尔成都的早期成长，都是在科再奇的关注和领导下发展的。我们特别高兴他成为英特尔首席执行官，事实上，我们正在期待他到成都访问。当时第12届全球财富论坛是由成都市政府主办的，成都市政府希望科再奇来成都做一个主题演讲，而且成都政府借用我们的口号"成都·都成"作为其市场营销的一个标语。可惜，由于新任首席执行官上任初期的旅行限制，科再奇无法来成都，所以他派来了他的搭档——时任英特尔公司的全

---

[1] 克雷格·巴雷特在中国工作时英特尔公司为其译名为克莱格·贝瑞特。

图 3-2 "成都·都成"已成为成都这座城市的一个口号（作者于 2013 年 8 月 10 日拍摄于纽约 JFK 机场的广告）

球总裁[1]。总裁计划在英特尔成都接待一个高级别的来成都参加全球财富论坛的由 45 个跨国公司首席执行官组成的首席执行官团队。

为了接待财富论坛的首席执行官们，总裁需要代表英特尔做一个欢迎致辞，我们和她的助理一起准备了一个很精彩但有点冗长的演讲稿，然而 2013 年 6 月 6 日的当天，天气异常的热，我有些担心，在大太阳底下，让 45 个全球公司的首席执行官们聆听一个 15 分钟的演讲，也许时间太长了，根据我的"不害怕，敢做敢为"的直觉，我跟她的助理讨论，建议缩短演讲时间。

"不行，已经太晚了，来不及修改演讲稿了，让我们维持现

---

[1] 英特尔在不同时期有过首席执行官和总裁并存的组织架构，基本上是由首席执行官兼总裁。由于种种原因，在科再奇任首席执行官时总裁一职由他人担任，跟其他公司不同的是，英特尔的总裁是向首席执行官汇报的。

图 3-3　Y 代员工辛迪（Cindy），带着 2013 年世界财富论坛的 45 名全球首席执行官们参观英特尔的成都文化建设旅程

状吧。"她的助理说。

好吧，但是我没有放弃我的想法，因为天气实在太热，缩短演讲时间是一件正确的事。所以当总裁开完员工大会后，我利用陪她一起走回休息室的机会跟她说：

"总裁，没想到今天天气这么热。我们应该体谅首席执行官们的身体，欢迎致辞应该简短些，当然这由你决定。"我跟她建议，虽然她的助理暗示我停下来。

"卞，我想你是对的，我会设法只用 5 分钟致辞。"几分钟后，当我们返回客户休息室时总裁回答。

总裁刚好用了五分钟做欢迎致辞，得到非常好的反响。这些首席执行官们，个个穿着正装，打着领带，在35 ℃的太阳底下聆听致辞。此外，我们还给首席执行官们安排了英特尔成都文化之旅，由一群年轻的、充满活力的新生代员工跟他们讲解我们的文化建设。这个小组后来被称为"梦之队"，专为每年约600—800名参观者讲解英特尔文化，这也是我们20多个为社区服务的志愿者项目之一。在这本书的后面章节我会分享更多志愿者的故事，因为他们已经是英特尔成都企业文化的基本部分，这是Y代（80后）拥抱社会、服务社区、渴望实现社会价值的一个很好体现，无论在中国还是在全球，Y代都开始跃跃欲试，挑战世界舞台。

在陪同总裁以及45名全球财富论坛首席执行官的参观交谈中，我们一直重申强调团队文化建设中的一个关键部分——"求同存异"文化建设。一定程度上，英特尔公司的传统是崇尚"建设性对抗"的文化，它提倡面对面直接阐述不同看法和意见，要落户在像中国这样一个有着深厚文化底蕴的社会中，团队文化建设面临不小的挑战。但是我觉得"求同存异"的文化理念是一个软着陆的好办法，可以顺畅地平衡"建设性对抗"的文化。

荣获第二个质量金奖的启迪

时间进入到 2014 年，在第二章我们已经知道了"骏马"项目的一些故事，该项目包含了英特尔最新最高端的测试技术，在实施过程中好几波英特尔总部高管莅临英特尔成都视察指导，他们需要确保，英特尔选择成都是一个正确的选择。其实这个项目英特尔内部有好几个有实力的工厂竞标，最终才花落成都。这些总部来的人包括：两位英特尔董事会成员，然后是比尔·霍尔特。在比尔的第一次访问中，他问了我一个问题：

"卞，你准备怎么宣布这个协议呢？既要让员工非常兴奋，又不能透露这个项目的秘密协议细节。"

"比尔，我还没想好，但是我们会想出办法的。"我低声但自信地回答。

2014 年夏天的一个周末，我和儿子一起玩耍，在一个游泳池里，我帮助他爬到一个充气的很大的鲸鱼上面，这时候一个画面突然映入我的脑海："一条大鲸鱼从海面一跃而出。"用它来形容我们这个有深远意义的骏马项目，而且一个新的且具有感召力的口号召之即来："新生代，'芯'梦想，新征程。"

当我把这些想法试探性地告诉罗宾、纳维德和比尔时，他们都很喜欢这个比喻，因为在西方文化中经常用鲸鱼来比喻美好的事情要发生。但我还是有些犹豫，我们要在农历马年用大鲸鱼来形象化地比喻我们的"骏马"项目的重大意义（请参阅图5-3），而项目会在农历羊年开工。我们非常惊喜地发现，员工马上理解了这个项目并且很喜欢这个大鲸鱼的故事，即使在今天仍然有许多人会在99棵樱桃树和大鲸鱼的背景下拍照，这两个背景都是为庆祝2014年12月3日协议宣布而建立的。

在这里，你看到了"求同存异"的文化元素了吗？一定意义上，我愿意把它升级为"和谐共存"，这些好的寓意来自不同的文化，我们把它们和谐地组合在一起，互通互融，并作为一个整体呈现出来，而我们的员工理解、喜欢并接受它。

我们高高兴兴地宣布了协议，不久我们的员工就发现，挑战来临了。我在第二章特意没有说这些，在这里，你可以有一个完整清晰的框架。挑战包括以下方面：

（1）我们必须要整合两个高产量的工厂，一个年产量1.5亿个芯片组，另一个处理器（CPU）工厂年产量7500万个处理器。这两个工厂，还必须同时保证当年的年产量。

（2）我们没有预算购买额外的机器设备，从而创建

图3-4 2014年12月3日，种植99棵樱桃树庆祝骏马项目宣布（从右到左：比尔、罗宾、穆森、纳维德和卞）

一个缓冲空间为整合做准备，大约有500台机器设备为之受影响。

（3）我们只有几个月的时间清空芯片组工厂，以便整个工厂为高端测试技术进驻做准备。

这又是一个"挑战不可能"，但是成都团队愿意接受挑战，就像在2011年，CPT恢复挑战。"成都·都成"这句口号现在有了更多的拓展——"成都能做，成都能想，成都能影响，成都能引领"。我们开启了许多创新和打破思路的课题，与"兄弟工厂"和技术开发部合作，使许多机器设备可以同时在芯片组工厂和处理器工厂使用，最后我们重新处置了芯片组厂的500台机器设备，其中只有75台专用机器设备被转移到处理器工厂。

图3-5　2016年11月18日，庆祝新的高端测试工厂验收通过

另外大多数的专用机器设备都被改造成可以被多个产品兼容使用。这么大规模的整合，我们起初的意图是想为新技术工厂腾出更多的空间，结果我们达到了双赢，我们努力实现了单位产品成本降低50%，这在当时是工业界最好的纪录了。

2016年11月18日，技术开发与制造部负责人，和总部的一些全球副总裁们（CVP）以及副总裁们（VP），一起来到英特尔成都，庆祝新的高端测试工厂验收通过。这是在原来的芯片组工厂腾空出来的全面升级。在9个月里面，英特尔成都快马加鞭地全线赶工，最后只花费了不到初期预算30%的成本。

在工厂再改造的时候，我们挑选了100名种子选手，从工厂的技术人员、工程师、管理人员及工厂经理中挑选，把他们送到美国俄勒冈（Oregon）技术开发部门，接受6—12个月的技

图 3-6　2018 年 5 月 6 日，英特尔成都团队在旧金山英特尔全球质量金奖颁奖典礼上

术培训，学习最新的高端测试技术，为成都高端测试工厂大规模生产做准备和交接。这是一份很有挑战性的工作，因为 100 名种子选手里面的许多人是工厂的技术人员，他们的英语能力有限，有一些甚至无法自己在美国饭店里点餐。"成都之队"作为一个团队一起克服了这些困难，办公室员工给工厂技术员工做了几个月强化的英语培训，特别是在工作上和生活中会用到的一些词语和对话，帮助工厂技术人员在英语方面突飞猛进，不断提高。培训结束时所有的"种子工厂技术人员"都通过了考核，顺利地准时返回成都，在新工厂开启阶段作为核心员工发挥他们的作用。几个月后，许多人升职为工程师和小组主管。

现在你应该不奇怪我们非常荣幸地第二次拿到了 IQA 金奖，

就像财务总监司睿博说的：

"你们（英特尔成都）是少有的几个大型团队，取得了骄人的业绩，同时员工们又充满自豪感。"

司睿博在 2017 年 3 月 30 日到英特尔成都视察时，面对全体员工就讲过相似的赞扬和鼓励。当然我们还有一些人文故事让总部的最高管理层印象深刻，这些我会在后面关于文化建设中分享。

文化传承的力量

过去几年我们一直非常忙碌,一切都还顺利,新的高端测试工厂在启动阶段一切都好,我们的封装测试工厂已经达到了产能的最大极限。当然,有一些不确定,一是我们的成长战略面临的死结,在第二章我们详细分享了我们是怎么突破死结的;二是第六任首席执行官科再奇离开公司,我们的首席财务官司睿博被选为英特尔第七任首席执行官[1]。我们跟科再奇依依不舍地说再见,我们庆祝司睿博成为英特尔首席执行官,领导英特尔实现雄伟战略——公司营收增长要从 700 亿美元增长到 1000 亿美元,从一个数据中心公司蜕变为一个以数据为中心的公司,所有围绕数据做的业务都可以是我们的业务。伟大的雄心呼唤巨大的创新,只有不断创新才能让我们追随摩尔定律不断进步。当司睿博接过英特尔首席执行官的火炬时,我们的 10 纳米开发已经有些延迟了,不久,司

---

1 2021 年 2 月,第八任首席执行官帕特·基尔辛格(Pat Gelsinger)开始掌舵英特尔,他之前是英特尔首席运营官,2009 年时离开英特尔加入 EMC。

睿博和他的高层执行团队意识到了格卢夫在早年描述过的情形："成功会导致自满，自满进一步导致失败。只有偏执狂不断追求卓越才能生存（Grove, 1999）。"真正拖我们后腿的就是思想深处的自我膨胀和自满，或者说"我们是最好的"的心态，这已经在我们公司文化中存在很久了。自满情绪在全球的英特尔公司都有，特别是在技术开发部门和产品研发部门，人们常常会说：

"过去 20 年我就是这样做的，成功了，为什么这次不行？"

"要么用我的方法，要么走一边去。"

"那些人（指我们的竞争对手）根本不知道要跟随摩尔定律有多难。"

许多相似的说法在公司上下流传。人们花费了太多的精力在内部互相争抢资源，而不是到市场上去看看。许多领导忽视了团队成员的代际混合和代际转换，其实 Y 代和 Z 代已经渐渐成为创新的主力军，这些新生代非常不认可这样的说法——"或者是我的方法或者走开"，相反，年轻人会质问："如果你不尊重我的想法或者新的知识和技能，你为什么要雇用我呢？"

当司睿博接任英特尔首席执行官时，他意识到了要重塑英特尔文化的重要性，公司的领先优势正被竞争者慢慢追赶甚至超过，他强调了"眷顾客户、一个英特尔、无所畏惧、真实透明、质量为本和多元包容"六个核心价值观以及重视提供最高质量的产品和服务。这些文化建设旨在重塑英特尔，确保它健康、充满激情地迈向未来。

对英特尔成都公司来说，作为一个分公司，尽管我们离总部有点远，但是我们知道英特尔成都的企业文化是跟英特尔文化紧密相连的。我们的口号是"心连心，赢未来""成都·都成"，与司睿博的"烧脑""走心"和"动手"方法非常吻合。激励员工最有效的办法是让首席执行官与员工面对面地交流。但是要把英特尔首席执行官请来成都难度很大。一直被英特尔无畏无惧的价值观所熏陶，以及长久以来养成的开放直接的工作习惯，让我在得知英特尔最高执行委员会在2019年第四季度要在亚洲参加战略研讨会议时，我给首席执行官发了一封邮件，邀请他会后顺道来成都访问。在我发给首席执行官的邮件中，我写道：

"我们的员工都是非常努力的，勤勤恳恳地做好工作，支持英特尔的业务成长和文化建设转型。但是外部环境非常有挑战性，而且许多员工有很多困惑。所以如果您能够到公司来访问将会是一个巨大的鼓舞和帮助。"（外部的环境挑战主要是指这几年中美贸易战以及地缘政治的影响，我们是一家美国独资公司落户中国成都）

一小时不到司睿博就回答道：

"我的行程计划还在准备中,但是非常感谢你的邀请。"

几天以后他的助理跟我们联系,告诉我们司睿博来不了,因为行程有冲突,但是他承诺一旦冲突消除,他会优先安排到成都访问。

幸运的是,首席执行官的行程冲突消除了,2019年10月10日,司睿博和一些总部高管访问了英特尔成都,他们跟我们的员工有很多互动,和成都政府也有很多交流。当人们困惑于持久的中美贸易战以及紧张的地域政治形势时,司睿博和总部高管团队的访问,无疑是对员工的最好激励。另外,首席执行官也被中国员工的激情感动了。

"我们以为是来指导和激励你们,没想到,我们被你们深深地感动和激励了。"司睿博说道。

哇,多大的一个赞美啊,这简简单单的一句话,可以在很长一段时间里激励我们的员工、我们的团队。

"领导是艺术,管理是科学。"(Slim, 1957)

我跟许多英特尔人一样,我们感到很幸运有第七任首席执行官司睿博和第八任首席执行官司帕特·基尔辛格领导我们不断向前,同时不忘初衷"让技术改变生活,让地球上每个人的生活更富裕美好",特别是在这个动荡的不确定时刻。

图 3-7　第七任英特尔首席执行官司睿博，在 2019 年 10 月 10 日访问英特尔成都时，走进员工大会会场

现在让我们回到初衷，我们两次努力申请并得到英特尔最高荣誉认可的 IQA 金奖，以及热情欢迎英特尔总裁们到成都视察，是为了保持与总部的紧密而强有力的联系，这不仅仅是文化上的连接，更是真诚地向总部展露我们的与众不同，展露我们的"成都·都成"精神。这不是要证明谁对谁错或者谁做得更好，而是寻求共同建设，求同存异，让来自不一样地区的文化理念互相包容与融合，共同努力达到和谐共存——这是多元包容文化的理想状态。

"求同存异"的文化理念就是：尽管双方有一些差异，或者彼此不完全理解对方，但仍然互相尊重、互相支持。

在创建"求同存异"的文化理念中,领导力非常关键,领导在其中扮演了重要的角色。

04

释放新生代潜能：
Y、Z 代的管理思考

过去25年里公司员工队伍经历了一些代际交替。从婴儿潮到X代（65后），从X代到Y代（80后），又从Y代到Z代（95后），以一种管理者们没有思想准备的方式和脚步不断更新换代。许多公司已经可以看到千禧年后，即2000年以后出生的员工了。在英特尔成都公司我们已经聘用了很多20岁左右的年轻人，这些年轻的脸颊时刻在提醒我们：

"嗨，大叔，世界正在变化着。"

　　占据资深领导岗位的我们应该扪心自问：我们已经准备好帮助新生代了吗？或者说，新的员工团队组合能最大限度地超常发挥他们的潜能吗？当我写这个章节的时候，我情不自禁地回想起10年前我们遇到的相似的代际转换挑战。10年前，当我跟一位18岁的工厂技术人员一起闲聊时得知，他刚刚加入英特尔，在努力地尝试理解英特尔是一家怎样的公司，在英特尔他该如何学习成长、发展自己的职业生涯。在过去几年中，从工厂Z代（95后）员工的脸上，我看到了一些相似的困惑，于是，我要求管理团队要重视公司里又一次代际转换交替的现象。

管理学中的代际研究

让我们先用一些常用的词语描述它的定义，并梳理代际变化的时间线，然后我要详细阐述我们的管理实践变革来拥抱代际交替，充分发挥这些新鲜血液的最大潜能。本章的阐述是我和团队多年来对大量文献的分析，及英特尔成都公司和几所大学（四川大学、重庆大学和华中科技大学）的联合研究而归纳出来的一些研究成果和感悟。表4-1是对代际定义的一个简单总结，虽然代际定义的时间线在各种研究中略有不同，例如，Z代起始年，有些早的定义为1991年，或者晚的定义为1997年，大多数把1995年定义为Z代起始年，本书也是这样划分代际时间线的：Y代也称80后，1980年以后出生的人，Z代特指95后，1995年后出生的人，当然也许Y代"尾巴"上几年（1991—1994年）出生的许多孩子也具有Z代特征。

代际研究的定义和概念是从西方国家引进的，是管理学中社会科学研究的分支。中国在20世纪80年代打开国门，实现改革开放的政策，由此大量的外资企业开始在中国投资，许多本土公司开始加入全球竞争。"文化大革命"前，中国没有做过深入的代际研究，对于代沟所引起的管理上的挑战在中国也没有引起特别的重视。甚至，在中国改革开放政策前，现代化的管理科学和理论在中国也不多，是改革开放的春风带来了大量的西方现代的管理思想和流程。因此，中国的现代管理学也开始重视研究代际交替现象以及如何有效地管理新生代团队。

表 4-1 代际定义

西方		中国	
代的类别	年份	代的类别	年份
迷茫一代	1883—1900	暂无公认的定义	
伟大一代	1901—1924		
沉默一代	1925—1945		
婴儿潮一代	1946—1964	"文化大革命"前一代	1949—1965
X 代	1965—1981	"文化大革命"后一代	1966—1980
Y 代	1982—1994	80 后	1981—1990
Z 代（网络一代）	1995—2010	90 后	1991—1994
			1995—2000
		00 后	2001—2010
α 代	2010 年之后	10 后	2010 年之后

就英特尔公司来说，1985 年我们在北京开设了第一个销售办事处，直到 1997 年我们第一个封装测试工厂才落户上海浦东外高桥自由贸易区。很难想象，我在加入英特尔仅 5 年后就升职为工厂厂长。那时候工厂的主力是 X 代（65 后）。而大多数的高层管理人员是婴儿潮那代（50 后）。那个时候事情并不复杂，管理相对容易，基本上是用权威管理方式。很大程度上，中国正刚起步学习西方的现代管理，而中国市场上严重缺乏懂得西

方先进管理理念的人才。所以从中国香港、马来西亚和新加坡聘请的有经验的中英文流利的职业管理人非常抢手，他们从很大程度上弥补了中国本地管理人才的稀缺。许多外资企业雇用大量的上述外籍人员，加上一些总部派来的专家。英特尔也不例外，一定意义上，这些"临时进口"的管理人才帮助加速提高了中国本地管理层现代化的管理能力，在英特尔中国发展征程中，我可以列出很多这样的管理者的名字，当然他们大多数已经退休了。

另一方面婴儿潮一代和 X 代享有很多共同的特征：努力工作，尊重权威，强烈渴望竞争以及有极强的竞争意识，这些相似的特性让婴儿潮一代和 X 代能够很好地共处，没有太大的冲突，只有细微的不一样。所以从管理上讲，没有显著的值得担心的代沟问题。

另外，中国经济开始腾飞，外资企业开始了在中国的第一个黄金时代，那时候利润增长最大化是最重要的考核指标，10 年后许多 X 代员工升职为公司的高层管理者，但是他们没有意识到情况在发生变化，特别是大量的 Y 代员工开始成为公司的主力军。由于中国外资企业如雨后春笋般出现和中国经济高速发展以及中国人口的年龄结构，在中国最早发生了员工主力军从 X 代向 Y 代的转变，这个变化大约在 2007—2010 年，10 年以后另外一个混合团体的主力军 Y 代和 Z 代的转变发生了，大约在 2017—2020 年。一定程度上，1997—2000 年，X 代成为公司的主力军。在第八章的叙述里，有很多 X 代的故事。

现在回到X代和Y代的过渡，记得我们说过在婴儿潮一代和X代之间有很多共同的特征，而且那个时候中国处于"追赶"模式，在努力学习和实践西方先进的管理理念和流程，外资企业聘用了很多外籍专家作为一个过渡期的桥梁，帮助本地团队快速成长，所以岁月安好，婴儿潮一代和X代过渡一切顺利。时间不知不觉又过了10年，许多X代员工开始进入管理阶层，包括一些高级职位，而很少一些婴儿潮代的管理者还在一些最重要关键的职位，比如工厂厂长或者公司总经理。中国大多数X代管理者从西方管理学培训中学到很多理论知识，又从境外专家（主要是从中国香港、马来西亚和新加坡以及各国总部来的专家）那里学到了他们的管理技巧和实践，一切都挺好，就像我们从学校毕业时的感觉。但是X代发现，在实践中他们遇到了前所未有的挑战。当Y代成为工厂主力的时候，X代发现，他们所学的知识并不能应对许多新的情况，因为他们没有从老师那里学过代际冲突以及如何处理相应的代际冲突的管理技巧，事实上关于代际过渡，那时候（2006—2009年）中国还没有很多这方面的研究或者深层次的案例分析。

英特尔在这方面有一个很大的教训。2009年8月18日，一群年轻的Y代工厂技术人员聚集在餐厅拒绝回到他们的工作岗位，这就是英特尔成都的8·18停产事件。关于这件事情的详细叙述我会在第六章展开。在这里，我要强调代沟是自然地、安安静静地就发生了，它应该在我们现代管理学研究中有着浓墨重彩的篇章。而且由于特定的时代和文化背景，这些转变在中国变得更为复杂。代际之间一般会共享一些特性,当然不同的国家有不一样的特点,这就对外资企业在中国的运营管理加入了一个新的挑战纬度。

表 4-2　Y 代(80 后)性格特征

西方	中国
家庭及友情	工作环境
平等、公平、自由、共享	个性
渴望机遇和职场发展	贡献与责任
自信,自我表现,自由与开放	崇尚人际关系、交流
崇尚人际关系、交流	荣誉
非单纯物质主义	社区界定
个性	自我价值评估
安全感缺失	崇尚社会认可
高消费	

表 4-2 显示了中西方社会 Y 代性格特征的比较,有共性也有特殊性。在中国,Y 代更看重工作环境、个性,以及对社会的责任和贡献。那个时候市场上还没有太多代际冲突的研究,但是公司管理层已经或多或少地面临了很多代际转变的挑战,特别是那些雇用了很多年轻人的公司,所以当时我们走进大学,与学者们一起联合学习研究 Y 代特征,以便更好地理解他们。

随着对 Y 代进一步了解,我们尝试了大量的改革以便更好地管理 Y 代,2010 年我们员工队伍中的 95% 是 Y 代。英特尔总部也许并不完全理解我们在管理实践上所采取的改革,但是他们知道,必须尝试变化来适应年轻人的夙愿,这样我们才能继续保持在中国的业务有卓越绩效,这就是我在本书中一直强调的"求同存异"的理念。

英特尔第六任首席执行官科再奇,是总部管理层的资深管理者之一,他意识到英特尔成都工厂生产线主力军正在发生代际转换,他们从总部的视角,秉承"求同存异"的理念,保持沉默,安静地观察着改变以及我们管理实践的新尝试。科再奇当时担任技术与制造部(TMG)负责人,后来成为全球首席运营官。这也许就是英特尔"求同存异"多元文化理念——尊重差异,信任本地管理层能够根据本地具体情况实施最佳管理。一个小而典型的例子是关于我们公司的志愿者T恤,2011年前只有蓝白两种颜色。我还记得当科再奇访问成都时,我跟他的一次有趣的谈话:

"科再奇,我们想做几种颜色的志愿者T恤,你觉得可以吗?年轻的一代出去做志愿者活动时他们希望穿颜色鲜亮的T恤。"我试探着问他。

科再奇看了我几秒钟,也许他觉得这是一个很奇怪的问题,又过了几秒钟他对我说:

"为什么不试试呢?"

从那时候开始英特尔成都就有多种颜色的志愿者T恤,而在英特尔别的基地,即使10年以后也只有蓝色或者白色两种T恤。

在我们的管理实践中我们做了哪些改变来适应 Y 代特征以继续保持良好的工厂绩效呢？在前面的章节你已经看到，2012 年我们非常荣幸地获得了英特尔的最高荣誉奖——英特尔质量金奖（IQA），那次得奖，我们团队的每一个成员都异常兴奋，第一次拿到这么高的荣誉，而且英特尔成都从别人眼中"水面以下"恢复并一路走到最高荣誉层面。2009 年 8 月，我们曾经有过一次不可原谅的事件发生，即生产停工，那时候许多人称英特尔成都是"一艘正在沉没的船"。我们是如何改变并实现这个大逆转的呢？

首先我们极大地改变了对传统管理的看法，我们的传统管理方式是基于那些境外专家，也称过渡期管理者的经验和技巧，从婴儿潮一代（50 后）传授给 X 一代（65 后）的管理者，利用这些管理技能和技巧，却无法理解 Y 代员工，因为 Y 代员工与 X 代员工有许多显著不同的特征。在描述我们的改革和创新前，先让我对这些境外专家表达深深的敬意。这些专家从世界各地来到中国内地，帮助中国内地的 X 代经理和主管快速成长，在 80 年代后期和 90 年代，他们（主要来自中国香港、马来西亚和新加坡以及总部）不远万里来到中国内地工作生活，把西方现代管理理念带到中国，融入中国改革开放的实践。我个人在英特尔的成长，对领导力的领悟最初就是来自于这些专家们。

林邦葛（Ling Bundgaard）（英特尔美国外派专家）在 1997 年底英特尔浦东工厂初创时聘用了我，并教会了我管理和领导力方面一些最基本的原理，即必须秉承公平一致的原则对待每一个公司员工。

孙宗明（CB Soon）（英特尔马来西亚外派专家），他当时担任英特尔浦东工厂厂长，后来升职为英特尔浦东总经理。他教会了我运营管理的实践，包括全球供应链管理。

泰门·德扬（Tymen DeJohn）[1]（英特尔美国外派专家），他教会了我以结果为导向的管理实践，包括要追逐真正的业务价值，而不是那些虚幻的修饰过的漂亮指标。

还有许多人就不一一列举了，我认为这些婴儿潮一代的外籍专家，对中国现代管理科学的贡献非常值得被认可。如果要写中国现代管理历史的书，他们值得被载入史册，当然这是后话。

---

1 泰门·德扬在中国工作时英特尔公司为其译名为泰门·帝将。

"摸着石子过河"，X、Y 代的管理探索

现在让我介绍一些我们实施的重大改革来赢得 Y 代（80 后）员工的心，激励他们实现自己的梦想。

五星工作环境：我们是一个工厂企业，有约 70% 的生产技术员，约 30% 的工程师和办公室员工。没有先例可以把工厂的工作环境弄得像研发中心那样酷炫，X 代认可工厂工作环境，因为这是工厂嘛，但是 Y 代不认可"像工厂"这种环境和感觉，所以我们去除了工作环境中的一些"工厂印迹"，然后用一个简单语言描述我们的工厂环境：五星工作环境。我们建造了一个高标准、高质量的餐厅，提供的食物和服务标准向高档餐厅看齐；我们创建了一个办公室合作区域，非常新潮，这些只在很大的研发中心才能够看到；我们修建了很多体育设施，如体操舞蹈房、瑜伽室、足球场、篮球场、网球场、羽毛球场，等等，这些都是在最好的大学里才有的设施；在我们工厂走廊上我们用员工自己拍的 3D 风景照片作装饰，自豪又酷炫。

"英特尔成都工厂一点都不像工厂。"媒体记者们在 2012—2013 年期间参观完工厂后这样评论道（You, 2013），"去工厂化"

被多次强调。后来许多媒体称赞我们英特尔成都的设施和工作环境是"去工厂化"的典范。

社会责任：我们非常高兴并惊奇地发现，Y代员工非常愿意为社会做贡献，特别珍视被社区认可。这很好，这个特征与英特尔文化中的"社会责任感"十分吻合，做一些小而有意义的事帮助我们周围的社区。在成都，志愿者文化在2008年5月12日的汶川特大地震后被彻底唤醒了，许多Y代员工站出来，创建并领导了很多志愿者项目，帮助四川地区需要接受帮助的人们。

我们的志愿者项目，如雨后春笋般开展起来，从仅仅帮助在地震中遭遇灾害的学校开始，扩展到20多个项目，包括支教、志愿献血、湿地保护，以及在本地大专院校做一些以技能为主的培训。"在这些志愿者服务项目中我们不仅仅是在帮助需要帮助的人，同时也在净化我们自己的心灵，让自己成为社区中更好的一员。"许多志愿者员工这样说。一个简单的统计，从2009年起，我们一直是四川地区企业社会责任（Corporate Social Responsibility）排名的第一名，每年有大约70%的员工参与了志愿者服务，贡献了大约25000个志愿者小时。公司对志愿者项目的认可，增强了Y代的自信心、成熟度和自豪感，帮助他们以更好的状态回归工作岗位以及更好地助力他们自身的职业发展。在《英特尔责任密码——走进英特尔成都工厂》一书中，作者在2015—2016年间花了几个月的时间采访了很多激情洋溢的英特尔志愿者，分享了我们员工作为企业社会责任的倡导者、践行者的故事（平文艺，韩雪，王晋，和康，2016）。

个性释放：在公司，我们开展了丰富多彩的活动来拓展并娱乐 Y 代员工的业余生活，譬如，举行各种体育活动和竞赛、才艺表演，以他们喜欢的方式设计团队建设，公差去世界各地开会学习，开阔视野，提升自我，以及各种各样的员工俱乐部把有相同兴趣爱好的员工聚集在一起，自娱自乐。在巅峰的时候，我们有 17 个不同类型的社会俱乐部，80 多种活动同时展开。2011 年 1 月，我们年轻有才华的 Y 代员工和成都电视台合作，把我们传统的年会安排在电视台举办。那是我们公司内部的晚会，我们员工的才艺表演，太精彩了，具有非常高质量的专业水准，后来电视台把其中几个片段编辑后在兔年新年期间在成都电视台播放（成都市当时常住人口有 1500 万人）。晚会对公众播放，极大地激发了我们新生代员工的青春活力和能量，进一步促进了他们在工作上的积极性和创新力，为公司的卓越绩效和社区志愿者服务做出了巨大的贡献。2012 年，我们第一次申请并赢得英特尔全球质量金奖（IQA）时向总部展示了很多 Y 代员工的事迹，这给总部留下了深刻的印象。

当然我们不仅仅是实施了这些改变来适应 Y 代特征，很大程度上，我们重新改进了许多管理实践，在员工交流、绩效管理、一线主管的竞争力考核（评估）以及各种方式的员工参与度等方面，我们做了大量改革以激发 Y 代潜能。这些改革也吸引了国际管理咨询公司的关注，有一篇文章叫"代际间桥梁"，发表在 Insigniam[1] 上，文中谈了很多我们在管理方式上所做的努力来释放新生代 Y 代（80 后）员工的无限潜能（Insigniam, 2015）。

很多详细的内容可以在后面章节中陆续谈到，直到今天我们还在不断探索，不断改进我们的管理方式，以适应新生代的特征。我们英特尔成都的 Y 代员工，取得了令人不可思议的成功，即使在 2013—2014 年那些"动荡"的岁月，当时英特尔全球在做组织架构重新调整整合，提供了许多自愿离开项目（VSP）。事实上，英特尔成都公司在 2013 年有过第一次大规模的 VSP，大约有 500 名员工受到影响离开了公司，紧接着另一轮全球 VSP，又有几百名员工离开公司。是的，生产线上的技术员工数量减少了很多，这给 Y 代带来了很多沮丧情绪，但是他们的韧性和乐观主义帮助了整个团队，在那些年公司仍然取得了辉煌的绩效，许多人在职业生涯上又上升了一步。一个小小的统计，从 2018 年至今，大约有 95% 的中高层管理位置开始由 Y 代员工担任。

---

1 Insigniam (http://insigniam.com) 是一家全球知名的管理咨询公司，在过去的 30 年中以帮助公司进行组织蜕变而实现突破性业绩，其也因此而备受市场关注。

深化多元化管理，拥抱 Y、Z 代转型过渡

时间飞逝到 2017 年，当年 Y 代中的一些员工已经成长为公司的中高层管理人员，我们开始看到 Z 代（95 后）已经站在工厂舞台上了。

"没关系了，他们就像小一号的我们。"一些 Y 代管理者说。

但是，2018 年当工厂已经有 30% 的 Z 代员工时，我们意识到一个新的"必须转变的时刻"以一种戏剧化的形式呈现在我们面前，即使 Y 代也需要重新理解他们的弟弟妹妹们。韩庆峰（昵称 Leo 叔叔），在代际冲突研究方面是中国很少的先驱者之一。他研究在一个跨度很长的时间段内的代际差异，他的书《轻有力》，详细地阐述了 Z 代的行为、价值体系和特征以及 Z 代和 Y 代的一些显著差异，例如，Y 代的自我价值体系是"做别人觉得有价值的事"，而更年轻的 Z 代的价值观是"做我自己觉得有价值的事"。另外的例子包括：Z 代一般不认同权威，而 Y 代在一定的程度上仍然尊重权威（韩庆峰，2014），表 4-3 总结了 Y 代和 Z 代特征上的相似性和差异性。

表 4-3　中国 Y 代和 Z 代的特征

Y 代	Z 代
工作环境	个性和多元化
个性	公平和尊重
贡献与责任	为意义和快乐而工作
崇尚人际关系、交流	永远在线
荣誉	崇尚大神
社区界定	一心多用应付信息爆炸
自我价值评估	自信或自恋
崇尚社会认可	崇尚社会认可和地位

2019 年 6 月，我们邀请了 Leo 叔叔到英特尔成都开了几场研讨会，给我们所有的管理者做了怎样理解 Z 代的培训。因为我们清醒地认识到，年轻的 Z 代员工逐渐成为工厂一支重要的力量，而要管理好新生代，我们要学会理解代际差异。又是一个新的循环，重新思考和改革我们的管理实践，赢得 Y 代和 Z 代年轻人的心，让他们更好地合作，从而产生卓越绩效。

研讨会的热烈讨论在我们的管理层产生了巨大的反响，这些管理层中，Y 代员工已经是主力军。我们的管理思维模式开始转变，我们意识到曾经引以为傲的许多企业元素对 Z 代员工来说已经成为一个基本要求。比如，五星的工作环境是一个默认的期望值而不再是一个有吸引力的元素，所以一个嘈杂的工厂环境马上变得非常没有吸引力了；提供先进的技术配套支持是另外一个必须的要求，工作岗位上应该有高性能的电脑，工厂里处处有无线连接，如果一个公司没有这些强有力的技术元素的支持，它会变得不那么有吸引力；能够自由地表达自己的建议和想法，也是一个默认的期望值，所以一个公司如果有太多的官僚层级或者老派的管理方式就会面临挑战。

有一件事让我很惊讶，在团队里，Y代和Z代的关系紧张程度远远高于X代和Z代的关系紧张程度。最简单的回答是，Y代的管理者，更想让自己扮演老板的角色或者说有权威感，而Z代员工，崇尚大神，即某个领域的技术能人，而不是那种假装是老板样的人。这些根本性的差异导致了对快乐程度的定义有很大不同：Y代的快乐感来源于在公司有很高的职位，有更好的收入，而Z代的快乐感来自他们做的事是否有价值，有意义（韩庆峰，2014）。换言之，在追求生活和工作的意义上，Z代和X代，分享更多相似特征。

研讨会后我们更理解了Z代，我们该做些什么改进呢？首先我必须承认我们仍然在探索改变我们的管理实践，以便更好地激发Z代员工的无限潜能，我觉得我们做得还很不够。当然，在过去一年多我们已经做了一些尝试实践，让我们看看效果吧。我们会继续努力，在管理实践上不断改进。

交流方式的社交媒体化： Z代是随着英特网和信息技术的发展而成长起来的，数字和社交媒体是他们生活的一部分。当然网络语言以及一些网络特征也变成了他们生活的一部分，所以用他们熟悉的渠道、方式和语言来和他们交流会更有效。在第一章我们就谈到在抗击新冠肺炎疫情早期，我们用微信实现实时交流而不是用平常的邮件来交流，这样信息传输更快更有效，信息覆盖率达到100%。当然在充分利用社交媒体时我们也遇到了不少挑战，比如与工作相关的敏感保密信息交流还是需要用内部邮件。另一个例子就是匿名实时交流，不具名的实时交流越来越受欢迎。过去我们有一个匿名交流渠道——"卞哥信箱"，几年来一直运行得很好，我会在后面章节分享更多的内容。2019年我们又开发了一个匿名实时交流工具——"实时弹幕（Biu Biu Voice）（实时问题和回答）"。它是一个实时收集问题和评论，并讨论和回答问题的平台，受到许多Z代员工的欢迎。

连接工作和工作的意义：研究表明，Y代员工把工作更多的看作是生活的必须、挣钱的手段，但是，Z代员工更看重工作的意义，特别是在中国中产阶级家庭出身的Z代。我们最近的几个关于员工的故事就是想尝试把工作和工作的意义呈现出来。一个故事是关于我们的工程师和技术人员，他们夜以继日加班加点把一批老型号的处理器（CPU）生产出来，因为德国一家公司要生产2.5万台呼吸机为医院抗击疫情服务，他们急需这种老型号处理器。这个故事是通过微信的形式发布的，许多员工的家人和朋友都情不自禁转发了，仅仅几天就有接近10000人看到了这个故事，远远高于平时的点击量，平时一般的微信故事点击量是千余次，所以这个故事吸引了10倍的阅读者。另一个现象是，2019年（疫情发生前）我们的志愿者小时数创纪录地达到一年30000小时。这充分表明，我们的员工愿意为社会做贡献，做有意义的事情，帮助需要被帮助的人群，他们觉得很快乐。

公正和尊重： 我们还注意到 Z 代，比他们的前辈 Y 代更在乎工作环境中他们是不是被公正地以一种令人尊重的方式对待。原则上他们是对的，但是一定程度上，他们会困惑"被公正地对待"和"被同样地对待"的差异。这个困惑，在我们公司的案例里触及了我们的薪资福利逻辑。我们的薪资福利计划，可以简单地描述为"为你的绩效表现付费"。Y 代员工认可这个管理原则。但是 Z 代员工就会问："为什么同级别的人，发的工资是不一样的？"当然如果有合理的解释，比如呈现给他们看，绩效表现的指标，Z 代是认可的，会朝着他们自己的目标继续努力。

我希望我们在正确的轨道上更好地理解 Z 代。特别是我们的 Y 代管理者，许多情况下他们会面临员工在个人能力上比他们更强，比他们有更多的兼容性和多样性，而且 Z 代比之前的任何一代都更自信。图 4-1 是我们理解的 X 代、Y 代和 Z 代在中国的情况，我们试图去理解我们的员工，去理解他们的性格、个人追求，以及这些因素在日常工作中的呈现，用三个维度：目标和意义，自信力以及个性释放。

现在代沟问题开始被研究，我们也在不断地观察思考如何演绎我们的管理行为来更好地发挥员工的无限潜能。从《轻有力》（韩庆峰，2014）中我们得到了一些建议，并以此启动了一些转变管理者思路的改革。但是我不觉得我们已经做得足够多了，就像当年我们研究 Y 代并开启许多管理实践的改革。当然也许人们会说公司现在的基础管理结构比以前完善了。

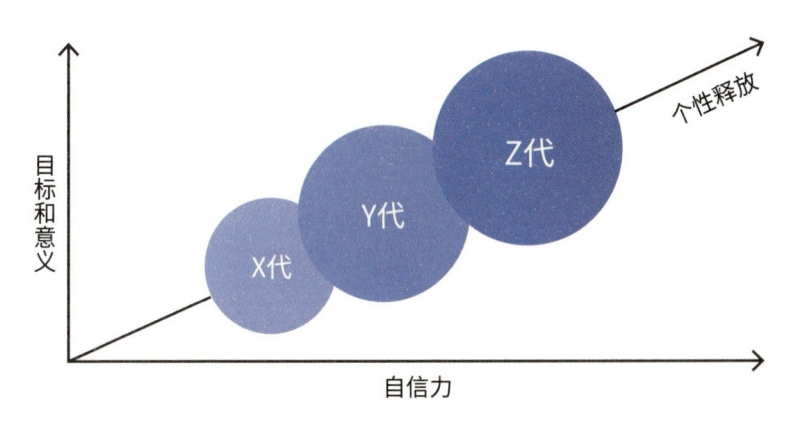

图 4-1　在中国 X, Y, Z 三代人的不同点

当我在写这本书的时候，已经很清晰并且确信，我们必须与变化一起游泳，不然我们就沉下去了（Peltin & Rippel, 2009）。X-Y-Z 的代沟，不只是中国有，世界各地都存在，当然由于文化、宗教信仰、政治制度以及经济发展速度和进程不一样，各个国家也许有些不同。中国经济在过去 40 年突飞猛进，由此对 X-Y-Z 代的人生观、世界观产生了巨大的影响。英特尔有一个全球的世界观——"让技术改变世界，使世界上每个人都生活得更好"。英特尔在全球的员工其实也是 X-Y-Z 代混合团体，所以我们第七任首席执行官司睿博特别强调英特尔文化的演绎，提出了 3H（"烧脑""走心"和"动手"）思路：第一个 H 指代脑（head，"烧脑"），把我们正在做的事情跟人类的美好未来连接在一起；第二个 H 指代心（heart，"走心"），我们应该互相尊重，把不一样的人群、员工、客户、供应商和合作伙伴，紧密地聚集在一起解决这个世界上最大的技术难题；第三个 H 指代手（hand，"动手"），我们必须有执行力，要让事情发生，而不

仅仅是生活在梦想中。

英特尔成都的文化建设完全是跟着这个思路在走，特别是后来我了解到，这些变化是随着X、Y、Z代的成长而提出来的，多么地"异曲同工"。我们与英特尔分布在世界各地的公司，尽管跨越文化，跨越代际，但我们还是有许多相似性，都面临团队成员"代沟"的困扰。司睿博的3H思路与我们正在做的新生代文化建设，呈现了"求同存异"文化的完美平衡。一定程度上，全球高科技公司应该更加关注员工的代际传承现象，只有这样我们才能领先潮流，充分释放出新生代巨大的创新潜能和激情。

讨论了这么多代际之间的不同，现在我想花点时间，谈一些他们的共同性。我的看法是我们有共同的抱负，这让我很受鼓舞，我愿意参与到我的X-Y-Z代同事、朋友的活动中，与他们交谈，向他们学习。因为我们人类有着共同的追求：和平、健康和富裕，这是我们共同的梦想，但这也伴随着挑战，比如如果人们滥用技术，人工智能会是一个真实的威胁；全球温室效应已经导致了很多极端天气并造成巨大损失；生态环境的灾难已经接近，等等（Harari, 2018）。

对我来说，为我们的团队不断寻求共同的理想并点燃激情是非常兴奋的，至此我们的共同理想是要"成为英特尔、社区和家庭的骄傲"，它能有效地连接几代人（X-Y-Z代）。我们把价值观具体化、视觉化了，连接到我们的工作环境、我们周围的社区以及我们自己的家庭,这样每个人都能用轻松多元的、让自己舒服的方式看到自己价值观的衔接。我们管理层需要"求同存异"的理念,面对混合型团体 X-Y-Z 代,甚至新一代 Alpha,给予更多的信任和弹性,赋予他们更大的舞台和更多的决定权,让大家一起共同努力追求和谐共存的境界。

"求同存异"的文化一直存在,但是人们是不是愿意去追求这种求同存异的平衡,也许因代而异,因人而异,因时而异。

05

激情洋溢：
小故事，大道理

在 前面的章节里，我讲述了我们努力寻找一些方式方法来激发多元团队（X、Y、Z代员工）的激情。在这个章节我想用一些故事（有中国的也有西方的故事）来举例说明激发团队战胜不可能的挑战。先讲两个发生在2011年和2012年的故事，当时我们遇到了一些特殊的情况，需要挑战不可能。

"赶走背上的猴子"

在第三章，我们分享了 CPT 恢复的故事。在中国兔年春节大年夜，我们接到了一个巨大的任务，重新开始生产 CPT 新的芯片组来取代已经发出去的有问题的芯片，如果我们不能完成这个任务，将会造成大约是近 10 亿美元的营收损失，而这个产品的大多数产能在英特尔成都芯片组工厂。坏消息是这个时候正好是中国传统的春节新年假期，员工都放假回到自己的家乡与家人团聚了，包括我自己也已经带着家人返回上海和父母团聚。你已经知道结果了，我们完成了这个不可能完成的任务，生产了约 3100 万组芯片，其中 95% 是在英特尔成都工厂生产的。

"你们怎么做到的？"许多人会问。

我们开展了一个全员参与的项目："赶走背上的猴子"。这是一个在美国家喻户晓的谚语，指的是一个大的问题困惑了人们，而且困惑人们有一阵了，我们要"赶走背上的猴子"，赶走困难。我们在西方国家的兄弟工厂在把改好的晶圆提前发到下游工厂后就会把玩具猴一起"扔"过来给我们，表示"问题已经不在我这里了，看你们的了，把成品赶紧做出来发给客户"。成都的管理团队是由本地员工和外籍专家组成的，本地高管一般也有些西方的教育背景和经历，所以我们都认为"把猴子从背上赶走"会是一个很有意思的故事。但事实并非如此。当我们用玩具猴来装饰餐厅时，员工很困惑——今年是中国农历兔年呀。

"是不是管理团体搞错了年份？今年不是猴年，是兔年呀？为什么不多挂点玩具兔？今年是兔年！"

员工积极参与对这次"赶产"任务至关重要，看来员工们不太理解这个故事，我们需要进一步跟大家解释这个美国谚语。我们让芯片组工厂厂长谢丽——一个美国总部来的外籍专家，背上背一个玩具猴，然后让一组工厂员工试图把这个猴子从她的背上拉下来，用这张照片生动地诠释了美国俚语——"把猴子从背上赶走"，并且标注了要爬到山顶的每一小步目标，让全体员工理解CPT恢复项目面临的每一步艰难挑战。

一旦员工理解了这个谚语和目标，事情就回归到了正确的轨道，并且很有趣。我们在餐厅放置了两个很大的透明圆桶，一个透明圆桶里装满了小的玩具猴，暗示这是一个装满问题的桶，还有很多玩具猴索性就挂在天花板上做装饰了，另一个空的透明圆桶等着接受玩具猴。当一个星期的产量目标达到的时候，员工们就可以从那个装满了问题的透明圆桶里移走一些猴子到那个空的透明圆桶里，移走猴子的数量与当周产量成比例，

第五章 激情洋溢：小故事，大道理

图 5-1 把猴子从背上赶走（2011 年）

这时候活动就变得非常有趣了。周五，在经过了整整一个星期的辛苦工作后，午饭的时候大家都来看看有多少猴子被移走了，员工人人参与，非常热闹。工厂里的许多技术员才 20 岁左右，这些开心有趣的活动帮助他们释放了由于最近连续紧张工作带来的压力。同时我们的美国同事在跟这个项目有关的管理层也一起玩这个玩具猴游戏，有趣又激励人。我观察到用这些故事和传说来鼓励员工非常简单，能让大家积极参与，并达到很好的效果。在这个事件里面我们用了一个西方的谚语故事，跟员工解释了这个谚语，从而使员工很高兴地接受了这个故事，尽管那年是农历兔年。

"真的非常有趣，看到这么多的玩具猴，看到越来越少的猴子留在'透明问题圆桶'里，真的感到开心。"许多员工事后感叹道。

这就是在外资企业工作有趣的地方，西方的、中国的文化交织在一起"求同存异"，达到了意想不到的效果。许多年以后，总部同事问我："那些玩具猴去哪里了？"当员工达到了目标时，我们把几百个玩具猴都送给了我们年轻的员工，相信他们会珍藏这个开心拼搏赢来的礼物。事实上，我们提前完成了不可能的目标，我们飞快地生产出替代芯片并交付给客户，有许多客户都没有意识到英特尔出现了一次大规模的产品召回（Angelini, 2011）。在第二章我们已经描述了这个惊人的 CPT 努力的结果：因为快速生产了替代品并及时交付给客户，这个事件没有影响英特尔当年的营收，所有我们的客户在他们的生产线使用我们的芯片组之前都收到了替代芯片,有些甚至不知道英特尔有问题芯片召回。

第五章 激情洋溢:小故事,大道理

后羿射日的力量

时间转眼到了2012年初。英特尔全力以赴上线一个新的22纳米的产品Ivy Bridge，这是一个基于新制程上面的新微构架，有几个新的处理器产品基于此构架和制程。英特尔的目标是要在所有的细分领域包括笔记本电脑、台式机和服务器方面都达到领先地位。英特尔成都被安排主推笔记本电脑产品，面临许多挑战：良品率、测试时间、产能、缺陷密度，以及紧迫的供货时间，而且最首要的是首次新产品的发布认证。

因为在CPT恢复项目上我们曾经成功地用美国谚语来激励员工，所以我们对自己说："让我们再做一次。"这次我们用中国传说来激励员工积极参与，迎接挑战。一个经理建议用中国古代故事里的"后羿射日"传说。

传说以前有10个太阳，高高地挂在天上，要把地球烤融化了，一个传说中的英雄——后羿，站出来把10个太阳中的9个太阳射了下来，拯救了地球。这个传说中国人都知道，在小学就学过。9个太阳比喻那些严重的问题，超难解决的问题。

我们把成都处理器（CPU）工厂厂长周耀忠（YT Chow）（现在是英特尔副总裁）"P 图"在后羿身上，骑在一条龙上，去射 9 个太阳——意喻克服很多很难的挑战。我们把这个项目称为"龙计划—IVB 量产"。

跟预料的一样，我们的员工非常兴奋，他们理解这个故事的含义，而且知道他们是站在后羿后面的人，他们要支持后羿去射那 9 个太阳来拯救世界。但是当我们用这个故事去跟总部以及我们的合作伙伴（在别的不同国家与我们一起接受这个挑战，做 Ivy Bridge 项目的伙伴）交流的时候，他们很困惑：

"卞，这是什么故事呀？"许多人问道。

至少人们非常有兴趣并喜欢这些很好玩的图片以及活动，不久我们意识到我们需要花点时间把我们的想法、流程和那个传说故事解释给我们的合作伙伴听，让他们也可以理解我们想要实现的目标。

"哇，很惊奇，非常有道理。"当我们做了很好的交流，许多人理解了这个故事以后，他们反馈道。

在员工的积极参与努力下，我们提前完成了第一批次"Ivy Bridge"笔记本芯片工程样品，不久开始了大规模的量产，这样就让英特尔的全球客户笔记本电脑尽早尽快地转移到 Ivy Bridge 新构架上，使得最终用户有更强劲的电脑和更好的用户体验。

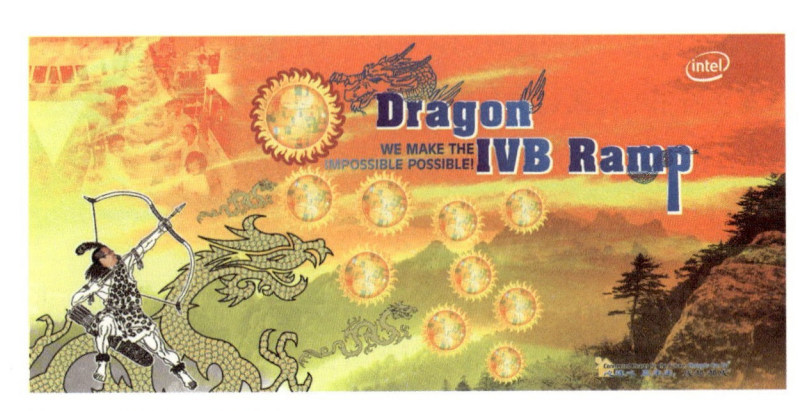

图 5-2　后羿射日（2012 年）

当我反思回顾"龙计划—IVB 量产"项目和"后羿射日"的传说的时候，我更理解了"求同存异"文化的内涵。当跨国公司追求在中国的可持续发展和业务增长的时候，我们必须重视文化的交融，只有让员工在情感上认同公司的文化和价值观，才能激发他们的无限潜能，并取得意想不到的惊人结果。外资企业具有独特的优势，可以兼容西方和中方的文化基因，来激励那些具有开放思想、全球视野的员工，而不是狭隘短视的民粹主义者。我觉得如果人们能够有兼容的求同存异的理念，未来的世界一定会变得更美好。当然我们都期望世界能够朝着一个和谐共存的方向发展。

大鲸鱼和九寨沟壁画

在第二章"骏马"项目上,我没有花足够多的时间来介绍我们用来展开"骏马"项目一期的故事。那年是农历的马年,我们宣布"骏马"项目时采用隐喻的方式,我们选取了另外一个动物——大鲸鱼,形象化地跟员工沟通一个重要信息:一个重要的有意义的事件就要发生。西方人都知道鲸鱼的故事,甚至可以追溯到圣经里面的"乔纳和鲸鱼",它隐喻一些有意义的好的事件值得期待,会发生。虽然在中国我们没有相似的鲸鱼故事的传说,但中国员工都知道鲸鱼是友好的、可爱的。因为那时候与业务相关的内容还处于保密阶段,所以我们设计了一幅壁画:大鲸鱼从海面飞跃而出,来形象地比喻我们的"骏马"项目的巨大意义以及未来可期待的新技术。

像我们所预料的一样,用鲸鱼飞跃出水面来宣布"骏马"项目,马上被我们在多元文化熏陶下的员工接受了,当然我们还有一个很好玩的小困境:

"为什么还有马和羊呀?"

图 5-3　2014 年，"一条大鲸鱼从海面跃出"

这个课题是在 2014 年谈定的，是中国的马年，同时，成都政府和英特尔都希望项目在 2015 年落地，而 2015 年是中国的羊年。

"我想把这个项目命名为'骏马'。"这是时任成都市市长的葛市长建议的。

"'骏马'意味着有很好的前途，很强的竞争力。"葛峻，英特尔公共事业部副总裁附和道。

在中国，即使商务谈判也可以用一个很好的故事来表明大家共同的理解和美好的祝愿。在我的想法里，这也是一个很好的构建"求同存异"文化的实践。

在结束这章之前我想再分享一个故事。我们曾经用故事和传说鼓励员工积极参与，齐心协力挑战不可能，受此鼓励，我们想继续放大效果使用这个方法，用故事的、视觉的、有意义的图片来凝聚员工，实现"心连心，赢未来"。

第三章的图 3-3 背景是著名的中国四川九寨沟漂亮的风景壁画，我们从本地的艺术学院邀请了一位教授和他的学生团队，请他们在花园的墙上画了这幅画。那个地方本来是一个垃圾堆场，2010 年，当我们了解到我们员工中的 Y 代渴望一个五星的工作环境，而这是提高生产效率、快乐工作的动力之一时，我们有了改造堆场的想法。教授和他的学生们花了一个暑假的时间完成了这幅巨型的九寨沟风景壁画，从此这面墙就变成了我们员工和参观者拍照留影最喜欢的地方之一。这幅壁画已经在那里 10 年了，最近我们想做些改动，于是我们询问了不同代的员工：

"可以把花园里的九寨沟壁画换一下吗？"

"为什么呀？"很多人反问。

"不，我很喜欢那个壁画。"许多人更直截了当地回答。

"我不能想象还有什么比这幅画更适合这里。"许多人评价道。

所以好几次我们打消了"重新修整"这幅画的念头。即使有一次这幅画由于工厂重新布置弄花了一点点。

回到这个章节的主题，故事可以携带重要信息，好的故事和视觉可以激励员工的内心，来挑战不可能。一个好的故事也滋养了代际间兼容并蓄的文化情结。我们花园的九寨沟风景壁画，栩栩如生，它把员工紧紧地连接在了一起，不仅仅因为这幅画很漂亮，而是因为，我们的员工，常常乐于与他们的朋友，特别是那些来自世界各地的朋友，分享美好的记忆，因为业务的需要，他们常常会在一起合作，解决问题。

"在我上次成都的出差旅行中，谢谢你把我带到美丽的九寨沟。你早点计划你的下一次旅程，等你来凤凰城的时候，周末我带你去看我们的大峡谷。"

我们全球各地的员工间常常有这样的交流。如果每一个人都更信任他对面的合作伙伴，那么合作就会更愉快、更有效率。如果要让我用相对接近的词语来描述"求同存异"，那应该是互相尊重并欣赏差异。利用自然景色和传说故事来激发来自不同文化环境的员工的抱负和潜能，这是一场有意义的外资企业文化建设的尝试，外资企业的文化应该是西方文化和中国文化元素的有机融合，只有这样的文化才能让员工有归属感，赢得员工的心。

历史本身就是一个求同存异、不断向前的演绎过程。

06

回归正轨：
从 8·18 停产中康复

不是每一个故事都充满玫瑰绽放般的美丽。2009年10月6日，我离开上海的家坐飞机飞往成都。我登机较早，然后坐在座椅上"闭目养神"地思考，我在深深地思考和计划如何去"拯救"英特尔成都，直到飞机3小时后着陆我才从沉思中醒来。几个星期前，英特尔成都生产停工了，或者说员工"罢工"了。英特尔总部管理层指派我到成都担任总经理，要求是要么让它回归正轨，要么就把它关掉，但是在我的心中、我的脑海中，我只有一个目标："拯救"这支团队，让它成为英特尔全球最好的生产基地之一。

8·18 停产的成因

究竟发生了什么？2009 年 8 月 18 日，一群年轻的工厂技术员，停下手中的工作在餐厅聚集，表达他们对工厂管理层的不满。是的，这是一场安静的"罢工"，所以我们把它定义为"工厂停产"，因为把它定义为"罢工"太敏感了，英特尔在那个时代是无法接受的，也许任何公司任何地方都不太能接受"罢工"事件。但是，那是一个不景气的年代，2008 年世界经济进入衰退的时候。英特尔把全球几个工厂整合以提高产能利用率，在经济衰退的形势下生存下来。行动计划包括关闭两个在菲律宾的工厂，两个在中国上海浦东的工厂，两个在马来西亚的工厂和两个美国工厂。上海浦东工厂的大多数产能计划转移到成都工厂来增加英特尔中国工厂的规模效应，以提高工厂的竞争力。然而英特尔成都就像街区里新搬来的小孩，从 2005 年起刚开始量产，产能提升得非常缓慢，2009 年时两个工厂（芯片组和处理器）只有不到 30% 的产能利用率，员工们从心态到技能还没有成熟到可以迎接突然增加的巨大的工作量，而大部分上海产能（上海工厂有十几年历史了，现在总部决定关掉它）要非常快地转移到成都来。但事情好像还不是那么简单，并不仅仅是因为工作量的突然大幅增加而导致了员工的不满。

如果说全球经济衰退，英特尔全球工厂整合，大部分上海产能转移到成都是8·18停产事件的一个背景原因，那么2009年英特尔全球工资的零增加，是另一个没有被讨论的原因。那时候在成都或者说在中国市场上，工资都是两位数的增长，这是市场常态，所以经过了一年辛苦工作的员工们都指望工资有大幅度增加。2009年初，当英特尔总部宣布说全球工资零增长时，成都的员工感到震惊，成都公司本地管理层也意识到这个问题，但采取了"我听到你们的声音了"这个"无为"的政策。虽然本地管理层曾努力地跟英特尔总部沟通，希望影响总部，让英特尔成都公司成为一个例外，但是没有成功。于是本地管理层采取了一个过于简单的做法，直接告诉员工："我们跟总部提了我们的要求，但是没有被批准。"本地管理层期望用这样的解释来结束员工的不满意，而没有对员工进行认真细致的解释和有针对性的沟通。

除了以上两个大环境的影响，另外一些社交媒体的影响力也在慢慢上升。有相同兴趣和爱好的人在一些社交媒体平台上聚集讨论，这就变成了"大家要求停下工作"的一个公共的交流工具。一定程度上，当时的有些人利用了这些平台来宣泄他们对公司管理层和工作环境的不满情绪，并由此发酵出8·18停产事件。

在经过六个月的深入调查以及与大量员工的交谈中，我们发现了导致这次停工事件的更多的原因。2008 年 5 月 12 日，四川汶川特大地震发生，员工们在那时可谓经历了一段艰难的、鲜有休息的岁月；然后 8·18 停产事件又影响了英特尔成都，员工们感到非常沮丧，对未来缺乏信心。我觉得这些发现给我们专业管理者或者领导上了生动的一课，时刻提醒和警示我们，在事情变得无法控制、员工情绪彻底失控之前，我们的管理层应该更主动地关心员工，真诚专业地理解并认可员工的感受和建议，并及时采取行动帮助员工。

有哪些关键的事项需要认真仔细地研究呢？我的反思如下：

有竞争力的薪资和福利计划永远是维持员工队伍稳定的最关键因素。当英特尔于 2003 年在成都刚启动的时候，成都市场还没有完善的薪资福利市场比较数据，所以一个通用的办法就是把中国一线城市（北京、上海和深圳）的数据作为参照标的。成都公司刚开始筹建时，英特尔用了相似的方法，让第三方咨询公司提供了一线城市的薪资数据并以一定的比例作为成都的市场基准。

起初情况还是可以的，因为成都的经济增长跟别的一线城市的发展速度类似，但是 2007 年以后成都经济加速增长（China, 2020），2008 年的时候因为汶川特大地震成都经济有一个短暂的耽搁期，但是其趋势仍然是在加速。由于两个市场经济增长速度不一样，一份相同的以指数为基准参考的薪资计划没有办法相对精确地给出预警，我们的薪资福利计划在成都市场已经失去了竞争力，特别是一线员工的薪资。另外，2009 年世界经

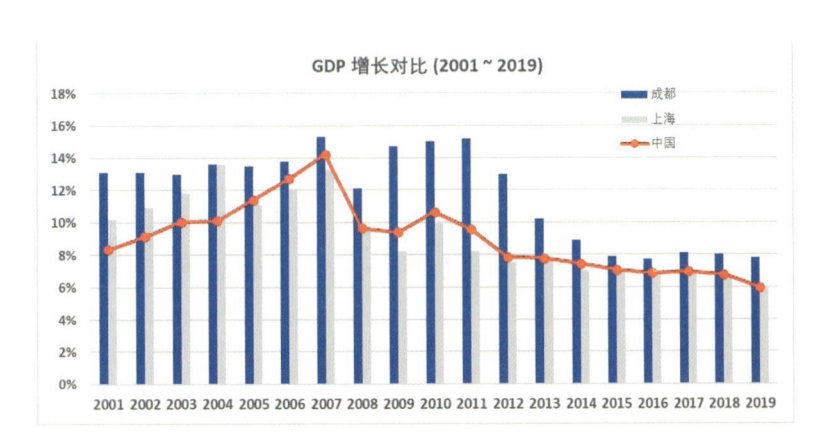

图 6-1　2001—2019 年 GDP 增长比率比较[1]

济衰退迫使英特尔停止了对全球所有公司的年度薪资调整计划，这就变成了雪上加霜，成为压死骆驼的最后一根稻草。落后的没有竞争力的薪资待遇是 8·18 停产事件小部分一线员工停产的主要导火索。

一线管理者缺乏足够的管理能力，他们对突然增加的生产量感到惊慌，也没有技能来管理年轻不成熟的技术员溢出的不满和发泄情绪。在第四章我讨论过，X-Y-Z 代际的不同。你应该意识到，十几年前 Y 代员工加入英特尔时，差不多是 20 多岁，而我们 Y 代员工的一线管理者，仅仅比他们大几岁，一定程度上，我们遇到了这样的情形：小哥哥小姐姐管理他们的小弟弟小妹妹，在工厂生产量突然巨量提升的压力下，这些一线管理者没有接受过基本的管理培训，许多一线管理者甚至不知

1　数据来源：中华人民共和国国字统计局、上海市统计局、成都市统计局。

道如何跟他们的下属交流，显然他们也没有能力来应对情绪化的员工，其实他们自身也困惑于英特尔这个复杂的系统。另外，本地管理层也缺失一些因素——当时的英特尔成都管理层缺乏应急管理机制以及敏感地读懂现场形势的能力。其实管理层误判形势，采取了一些错误的措施，让员工失控的情绪火上加油，朝着更极端的方向发展，而不是让员工的情绪冷却下来，并劝导已经情绪化的员工（党鹏，2009）。一个典型的例子是，让几百名带着强烈不满情绪的员工聚集在礼堂召开员工大会，显然是一个错误的做法，从而让员工的情绪越发失控。

管理结构的缺陷导致我们没能及时理解员工，捕获员工的不满信号和想法，并采取及时的行动。 除了薪资没有竞争力以及一线管理者能力不够外，一些管理结构的缺陷，以前也被忽略了。我们的员工群体里已经有很多是Y代了，管理层却丝毫没有意识到代际变化，仍然用一种非常老式的层层传递的方式交流，渠道非常有限，内容也很枯燥无味，没有一个员工智能系统能够及时得到员工的反馈、想法和建议，并采取及时的行动来回应员工。而且从公司的管理流程和组织结构上也没有办法让高层管理者能够直接倾听接收到员工的建议。另外，公司的管理层也缺乏意愿去主动倾听新生代的想法，同时调整自己的管理实践、组织架构和流程来更好地管理混合不同代的员工群体。用一句简单的话来描述这个缺陷：我们没有认识到由于新生代的加入，我们需要改变。说起来容易，做起来不简单，我们花了一年多的时间（2009—2010年）才想清楚该怎么做。

英特尔成都员工的自豪感和归属感缺失。员工们每天的工作量非常大,而且还在不断增加,他们觉得在一个只有白灰蓝三种颜色的工厂里工作很无聊。非常拥挤的饭厅,只提供简单标准的食物,除工作之外也没有什么活动。Y代员工对这种简单重复、单调的日常生活节奏,感到非常失望,他们对高科技领先公司英特尔玫瑰般的幻想也一并被打碎了。同时他们也没有看到和理解每天的繁重工作和他们的个人职业发展前途的密切关系。他们没有明白,自己每天的工作其实是和英特尔"让技术改变世界"的这个宏大愿景紧紧地联结在一起的。许多人处于一种"为生存而工作"的模式中,拿我们今天的话来说就是,员工没有主人翁的意识,或者说他们没有真正参与、融合到公司的愿景和价值体系中。

今天我们可以得出这个结论,8·18停产事件是不可避免的,是一定会发生的,许多事情我们没做好,这就像一个完美的风暴,太多的错误叠加在一起必然会引来更多的暴风骤雨。许多外资企业在中国经历了相似的情况,有些甚至更糟,比如富士康。面对新生代涌入而引起的员工队伍代际交替现象,有的公司选择沿着社会前进轨迹随大流顺其自然地调整;但是英特尔决定做一个领导者,在代际转变这一波趋势中采取引领方式领导好这个混合了各个年代的员工群体。

英特尔的第六任首席执行官科再奇和英特尔总部很少的几个高层领导意识到,生产线上的工人的代际转变在中国首先发生了。其实这是一个全球性的挑战,但是由于中国劳动力市场人员的年龄结构，这个转变在中国早于其他地区首先发生了。那时候科再奇是技术与制造部负责人，他思想开放，愿意聆听并支持我们所做的改变。也许在别的一些大的官僚体系中这些想法早就被扼杀了或者被官僚体系的无效率吞噬了。事实上，在很大程度上他的鼓励促进了我们的很多变化，这些变化后来被定义为"已知最好方法（科再奇）"，在英特尔别的基地被倡导应用。后来科再奇成为了英特尔首席运营官，随后升任为英特尔第六任首席执行官。我们又一次看到，领导力很重要。

在讲述我们如何实施改变前，我先做一个简短的总结——我们是如何对8·18停产事件进行善后处理的。对许多公司来说，停产是不可容忍的，英特尔也不例外。但是由于它的复杂背景，英特尔对8·18停产事件也没有过度反应。从宏观经济角度来说全球经济在衰退，英特尔在整合全球各个工厂的产能；从管理学角度来看英特尔成都公司刚刚起步，管理层还不够成熟。当然这也不意味着我们会让那些"坏土豆"继续和我们一起工作，好像什么事都没有发生过。公司的这个立场我很清楚，挑战是我们如何去发现那些"坏土豆"，然后以一种公正、尊重的流程跟他们解除雇佣关系。

我们成立了一个由专业调查专家组成的特别工作小组，花了差不多6个月的时间，认真分析园区里的各种数据以及许多经理和员工的观察和报告。作为一个高科技公司，我们从大数据中找出那些"坏土豆"并不困难，我们把他们分成4种类型：蓄意破坏和带头大哥，明显的问题制造者，可疑带头人，追随者。不同的组别有不一样的处理方式：立即解职、自然合同中止、规劝离职、"改头换面"机会。举一个典型的例子，在重新评估和处置员工期间，我与一个 18 岁的技术员有以下的谈话记录：

"你为什么参与停产事件？"我问道。

"我什么都不知道，仅仅是跟着我的哥们，他叫我去的，我加入公司才几个月。"这个技术员回答。

我们意识到工厂里的许多技术员仅仅 18 岁左右，刚刚从学校毕业，加入英特尔才几个月，他们对公司了解很少，被一小撮带头大哥鼓动参加这次停产事件。当我们对这个复杂的形势有了充分的了解以后，我们往前推进了一步，分批分期处置了那些"坏土豆"，包括给一些"追随者"提供"改头换面"的机会，跟我谈话的那个技术员，也选择了留下来。我们尊重每一位员工的选择，继续留在公司或者离开公司。处置程序在 2010 年 3 月底前顺利结束，我不能说这个过程很完美，但是至少我们的员工已经得到了信息，不能触犯底线，这也为将来所有的行动奠定了基调。还有一个重要的员工处置，在停产事件发生后科再奇马上提出来"领导者的责任"，所以在 2009 年 9 月下旬，我被英特尔总部调去英特尔成都并领导这个团队，这就是本章节开头我描述的在飞机上"若有所思"的情节。

在改革中获得新生

现在我们开始这个章节的详细故事：8·18 停产事件后我们做了哪些改革来让英特尔成都焕发青春，更上一层楼？

重新校准我们的薪资福利体系，以及市场比较流程。 我们很清楚必须重新审视我们的薪资福利体系，看看它是不是有足够的市场竞争优势能够维持公司的稳定发展。一个需要马上执行的任务是我们必须赶紧把那些低于市场基准的薪资待遇调整过来。在 2010 年和 2011 年，我们说服英特尔总部给我们特殊的支持政策，给那些低于市场参照值的薪资做了调整。然后我们重新定义了薪资福利体系与跟市场基准做比较的流程：及时更新了第三方市场比对公司清单，缩短了跟市场基准比较的频率，从一年一次转变为 6 个月做一次比对。

另外我们还实施了一个新规定，从以前的紧盯一线城市市场基准，然后打折扣作为成都的市场基准，转变为直接看成都本地市场基准。我们了解到咨询公司已经有比较全面和相对精准的成都本地市场工厂操作工和技术员薪资基准，而对于工程师和办公室员工我们仍然用一线城市的市场数据作为基准，因为我们是从中国各个地方招聘高素质人才,有时候我们还必须在国际市场上寻找人才,并把国际聘用转变为本地聘用。这些措施在当时还是战略层面的,现在,当成都在迈向一线城市的进程中,我们非常高兴,已经有流程可以应对这个变化,提供具有竞争力的薪资福利来吸引并蓄留我们的员工。

重新构建我们的管理系统和流程。 英特尔成都本地管理层一致认识到,必须重建我们的管理体系和流程,需要智能地管理每天产生的各种各样的问题,包括员工的情绪管理,并且让一些隐藏的问题尽快暴露出来。我们成立了一个公司领导委员会,这个委员会由公司的几个最高级经理组成,特别重视分析管理的一些敏感问题和战略方向的探讨。

在领导委员会下面,我们构建了近 20 个各种管理委员负责日常管理。每一个委员会询查自己专项负责的细节。例如,人文管理委员会,负责询查回顾审阅所有跟人相关的议题;运营管理委员会关心良品率、成本、产品质量、设备情况、产能管理、供应链管理、技术竞争力以及新产品的引进,处理所有跟工厂持续稳定运营相关的各种问题;环境健康和安全(EHS)管理委员会关注公司的安全事项,环境的保护以及员工的健康;外部事务管理委员会是公司跟外部打交道的窗口;内控管理委员会全面审查公司操作确保公司做的事合规合法;多元包容管理委员会注重公司文化建设,让各个年龄段的员工(包括新生代)都能在公司释放他们的最大潜能,愉快工作;战略委员会主要是考虑公司的长远发展战略。

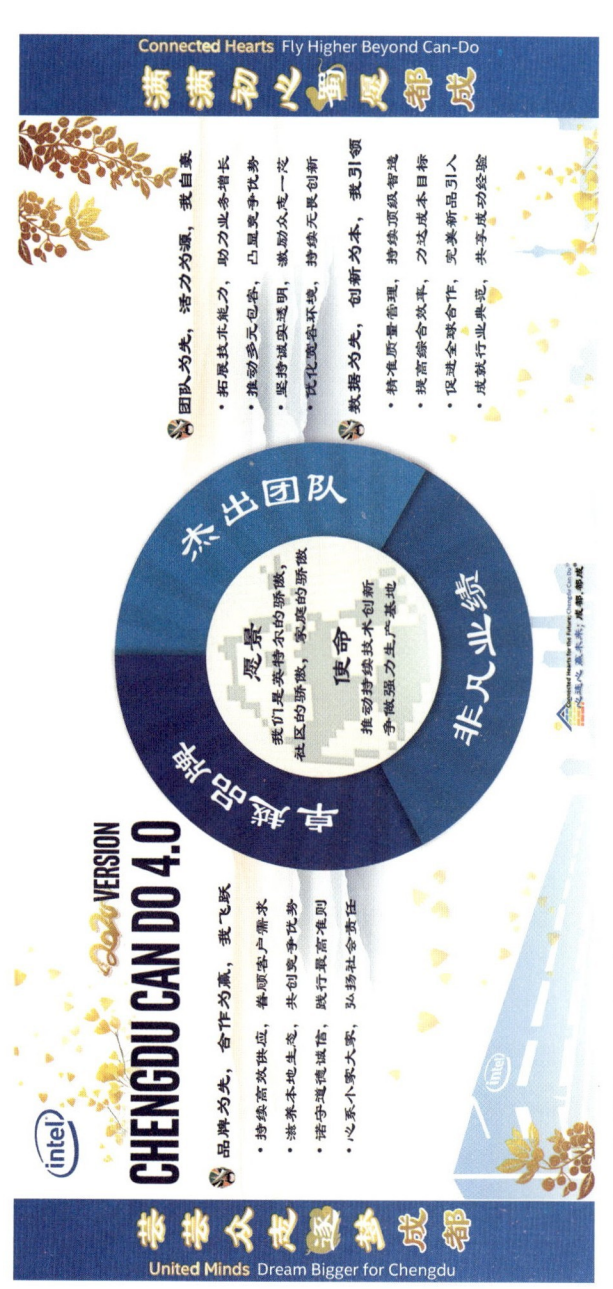

图 6-2　2020 年"成都·都成"蓝图 4.0 版本

由于建立了这样一种新的管理架构，我们可以开始制定公司发展宏图并每年回顾公司发展历程，这就可以把我们的每一个员工紧紧地联结在我们共同的愿景里：努力成为英特尔公司、我们社区和我们家庭的骄傲。

建立一个员工全员参与的系统并且镶嵌在公司文化建设模块里。受到我们Y代员工的激励，我们认识到必须在工厂环境下为Y代员工量身定做一些项目来激励和释放他们的无限潜能，并继续把这些智慧贡献给社区。

"丽萨（Lisa），我要设立一个资深管理岗位，叫作人文战略项目经理，你有兴趣吗？"

在2010年早些时候，我和我的一个下属在公司咖啡馆一对一谈话时我测试性地问道。

"卞，这个工作做什么呢？"丽萨问道。

"让员工快乐！"我回答道。

经过与公司总部各个管理层的几轮沟通后，我们创建了这么一个新的职位：人文战略项目经理，这是一个崭新的职位，第一次在英特尔全球有这个职位。这项工作就是想要填补我们在日常管理结构上的空缺。传统意义上的人事部门更侧重于公司的纪律管理，而我们希望这个职位扮演一个桥梁的角色，能够智能有效地管理员工的情绪。通过开展一些有趣的活动，具有人文关怀、让员工自豪的项目，形成一种可持续发展的文化和一个高效率的可以自我激励的团队。简单地说，就是让员工在公司感到快乐。因为我们深信快乐的员工一定是高效率的员工。在许多公司这可能是人事部门的一部分工作，但是在外资生产企业，回到 10 年前，这项工作还没有被认识到其重要性。而现在很流行了，英特尔的许多基地都有相似的岗位。

为了相似的目标，这些拓展得到了英特尔总部的充分支持，我再一次看到公司的"求同存异"文化：在不一样的基地允许差异性存在，如果这些差异对本地员工是有意义的，对整个组织是健康的，能够有好的产出，那么这些想法、建议项目就应该让它存在并发扬光大。英特尔第六任首席执行官科再奇非常喜欢这些能够激发员工激情的项目。这几年我们处在另一个代际转换的中间时刻，因为 Z 代员工已经占据了我们工厂超过 30% 的员工比例，我们很高兴底层结构已经在了，当然我们仍然需要做些改变。第四章我已经很详细地叙述了我们如何根据新生代的特点管理代际转换。这一章我希望通过讲述我们的管理实践让你更理解我们如何改革来适应新生代的加入和管理多代人的员工团队。

对于人员和文化项目建设，我们创建了一些经典的非常受欢迎的项目，这已经成为我们文化建设的一个基本元素。

年会。这是一个让员工聚集在一起的很有仪式感的活动。年会上，我们欣赏许多才华横溢的员工的表演，我们分享精美的食物和饮料，大家一起庆祝辛苦工作收获满满的过去一年，展望迎接新的一年的到来。年会上最荣耀的时刻是表彰年度最佳员工和最优秀志愿者个人、团队，他们为公司和社区做出了重大的贡献。员工们都是盛装出席，以团队或者好友形式一起庆祝并拍照留影，并展现在社交媒体上。对于我们年轻的 Y 代和 Z 代员工，把年会上一年一度的漂亮照片放在社交媒体上，和享用美食一样重要，必不可少，只有年会结束了，大家才觉得这一年可以翻篇了。当然，年会肯定少不了激动人心的抽奖环节。

2011 年，我们选择在成都电视台举办年会，这是企业内部年会，租借了电视台的场地。后来电视台在征得我们同意的情况下，在中国新年期间向全成都人民展播了我们的年会片段，这给了我们员工莫大的乐趣和自豪感。英特尔成都年会在英特尔全球都很出名，许多英特尔人会说，"如果你没有参加过英特尔成都的年会，你就不知道什么叫派对"。

老板服务日。这个设计是为了打破员工和老板之间的疏远感，在工作环境中促进平等和谐的理念。我们的员工特别是 Y 代和 Z 代员工，特别喜欢这个项目，因为他们可以有机会直接与公司资深领导，包括总部资深领导甚至首席执行官交流。如果与英特尔首席执行官有一张合照，对许多员工来说，这是一个多么重要的时刻呀，它一定会是一个持续的长久的激励。另外，当我们的团队在关键的课题上迈出了重要的一步，或者取得了阶段性的成就时，我们也会利用老板服务日来庆祝我们的每一个小小的进步。有时老板服务日也可以测试一下总部领导

图 6-3 英特尔第六任首席执行官科再奇在老板服务日为员工提供冰激凌服务。一位员工在为他贴星星感谢他的服务，当时他是技术与制造部（TMG）负责人（2011年英特尔成都餐厅）

们的多元包容能力。有一次从美国总部来了几个资深领导，然后我们让他们在老板服务日为员工分发美味的鸡爪，也许你知道鸡爪在美国被理解为"恐惧"的因素，不过还好，那几位领导欣然接受并坦然处之。

家庭开放日。这是每年一次我们为员工的家庭成员或者亲近的朋友提供的一个项目，让员工带着家属在周末参观我们的园区，了解员工的工作环境以及更多地理解英特尔是怎样的公司、英特尔的技术、英特尔的文化，当然我们还安排了很多有趣的活动以及提供了精美的食物。这个项目非常受欢迎，在开放日的几天里我们有时会接待多达 5000 多名员工和家属，而且我们观察到，在过去 10 年参观者家属的变化：从父母辈到伴侣，再到父母和小孩的混合群，这正好反映了我们工厂员工队伍年龄段的变化，从 X 代到 Y 代再到 Z 代的组合。员工从学校毕业以后就直接加入了英特尔，几年以后开始谈恋爱，然后结婚生小孩，这是非常自然的 10 年的代际循环。在家庭开放日，我们还观察到一个现象，有小孩的员工会带着孩子连续几年都来参加我们的家庭开放日，孩子们非常喜欢那些放在园区各处五颜六色免费的软饮料。我还记得我家儿子 7 岁的时候可喜欢我们公司的各种各样颜色的饮料了，还喜欢把它们混在一起喝，因此他也非常喜欢我们公司的家庭开放日活动，还参加过几次呢。

运动季。体育比赛活动一般是在春季，天气转暖但还比较凉爽时开始，我们一直很鼓励员工下班后在园区开展各种各样的体育活动。这个设计的初衷是帮助新生代员工实现从学校到职场的过渡。英特尔成都公司有超过 80% 的新员工是从学校毕业直接加入公司的，这是英特尔全球的一个惯例。我们意识到，年轻的员工，特别是中国独生子女一代，从生活上和学习工作上，将面临从学校到工作场所的双重转变，所以我们要创建一个"类学校"环境来减轻年轻员工们刚加入公司这个过渡期所带来的冲击。在工作园区内，我们提供了许多的体育设施，如健身房（包括瑜伽房）、网球场、篮球场、羽毛球场、带跑道的标准足球场，以及围绕园区的健身散步小道。在春天的时候，员工俱乐部会开展各样的体育比赛来促进团队合作和倡导健康的生活方式。我们有一些团队甚至参加了高新保税区，乃至成

图 6-4 在 2015 年樱桃沟运动会上非常受欢迎的游戏节目——平板支撑

都市级的比赛。员工们喜欢体育比赛，也喜欢公司的这些体育设施，体育运动让他们不断充满能量。

还有许多很有趣的活动，比如，樱桃节、才艺大赛、唱卡拉 OK，等等，所有这些项目的设计初衷都是为了让我们的员工在工作后得到正能量的休息和释放。我们的团队已经是由年轻的 Y 代和 Z 代组成，今年（2020 年）我们已经有 40% 的 Z 代员工了，两年后这个比例预计会升到 50%，如果我们能够继续用包容的方式面对年轻的 Z 代员工，充分释放他们的潜能，我们相信公司一定会更有活力和创新力。我知道有些其他的公司也存在代际问题的困惑，但是它们选择忽略公司员工团队中存在的代际更迭现象。我非常高兴我们意识到了这个挑战，然后我们努力地去适应代际更迭的变化，就像 10 年前当年轻的 Y 代成为公司主力的时候我们也是这样做的。

回到这章的讨论主题，我们谈到了 8·18 停产事件的根源，然后谈了一些我们的改革措施让团队回归正轨，但是这些还不足以满足 Y 代员工丰富的需求：高标准的工作环境、与公司的目标和价值观紧密相连、有社会地位、社会价值被认可，以及职业发展机会。好消息是我们已经有了一个职位——人文战略项目经理，该项目经理启动了计划和行动来满足这些"软需求"，以促进组织的健康发展和高效产出，许多行动计划值得在这里简述，更详细的讨论会在以后"卓越管理"一书中论述。

改进员工沟通方式：事实上，"员工沟通"应该包含在"员工参与"里，它们就像双胞胎，互相连接，互相影响，恰当的沟通和员工参与能够在工作环境中产生巨大的正能量。员工沟通的关键是我们需要开放的、诚实的、尊重的和直接的交流。丰富多样的沟通内容可以通过多层次多渠道尽可能多地传达到员工处。我们尝试了很多方法来提高沟通内容的吸引力：从"员工自己的故事"到"领导者之声"，从"员工提问"到"管理层信息传递"，从"实时商务新闻"到"各种有趣的逸事"，从"技术硬实力分享"到"情商软实力传授心得"，从"员工项目和志愿者活动"到"公司业务商务更新"，从"本地热点"到"全球新闻"。关于交流渠道，我们从单一的新闻稿发展到各种交流渠道并存：休息室和电梯里张贴的宣传画、各种海报横幅、电视和数字滚动屏的宣传、匿名的"卞哥信箱"（非实时问题与回答，直达总经理）、微信公众社交媒体、实时弹幕（Biu Biu Voice）。我们的各级管理层还有老板与员工小组恳谈会的时间段，面对面与员工实时交流，倾听员工的想法、担忧和建议，并给予其及时回复。同时，我们观察到公司里 Z 代员工开始越来越多地使用社交媒体，特别是使用微信来交流工作内容，连接群体。在处理新冠肺炎疫情危机时我们成功地用微信实时沟通并确保信息及时地传达给每一位员工。但是中国的外资企业碰到一个特殊的现象，在中国以外的世界，人们是用别的社交媒体交流，当然中国的员工非常高兴我们有微信等可以及时交流和联系的工具。我不太担心这种前端交流方式的差异性，我相信我们能够找到"求同存异"的平衡。

另外，如何把一个故事和信息很好地去讲述分享，我们观察到一种很大的变化趋势，用"网上直播"分享。也许我们的 Y 代员工和 Z 代员工，在阅读习惯、消化吸收信息方面还有细微的差别，但是都越来越多地用"线上"方式进行交流。在新冠肺炎疫情期间，我们被迫做了一些新的尝试，比如，通过网上直播介绍新的培训课程，以前我们都是通过新闻稿件的方式层层下发培训课程。令人惊奇的是，在线促销期间 7 门培训课程很快被注册满了。这个现象也解释了今天网红主播带动大销售量的事实。

改变工厂印象：以前当人们谈到工厂的时候，大家对其的第一印象一定是很脏、很丑、不安全。我们知道这样的印象无法吸引有才华的员工加入我们工厂，或者即使他们加入了英特尔也不会觉得在这个地方工作有多自豪，这是千真万确的。不管哪一代人，特别是Y代员工，他们从X代员工那里听到了太多关于充满汗臭味的工厂的故事。X代员工的这些印象其实是从国外电影里的工业革命时代的工厂或者说中国八九十年代的乡镇企业得到的。

我们引进了一个"五星工作环境"的概念。五星，意味着高标准，这是可以让员工感觉非常舒服的环境，员工也愿意与这样的企业相关联。在工厂里，我们对服务设施做了大量的升级改造——高规格的大堂；现代化的合作区域；类似高档餐馆一样的餐厅和咖啡吧，有丰富的按菜单点菜的服务；像度假胜地一样的花园，有非常漂亮的壁画，四季花果树交相辉映。当然，还有前面提到过的很多体育设施。除了这些五星的硬件设备，我们也随之开展了五星行为竞赛，以提升我们员工的专业素养和主人翁精神（见附录"五星级行为"）。由于上述所有的努力，我们改变了工厂给人的固有印象，我们的员工非常自豪在英特尔成都工作，我们经常看到员工把我们园区漂亮的景色放在社交媒体上。在中国的新闻媒介里，他们称英特尔成都的园区是"去工厂化""去蓝领化"的工作环境（You, 2013）。目前为止，我们所学到的就是工作环境必须不断去演化，要有更强的传导力、包容性来适应我们这个多年代员工组成的混合体，特别是"软环境"的建设，要做到文化兼容并蓄以及互相尊重。我们欢迎更多有着不一样想法和才华的人才加入我们，包括特殊性取向者人群等，我们正在不断改进的旅程上。

2021年2月，我们已经开启了新常态下的工作模式，强调对员工的信任和给员工提供更多的灵活性，最主要的是提供给员工"在家办公"和"在办公室上班"的选择。

改进员工发展计划：自"公司"创立以来，这一直是公司最基本的考虑因素，也是一个充满挑战的问题，一定程度上会被管理层忽略，因为许多管理层忙于日常事物，希望公司效益最大化，而员工发展计划总是要花钱花时间的。

我们的8·18停产事件让我们认识到，必须考虑"员工发展"这些最基本的需求，其实任何一个企业都面临这样的挑战。在中国过去30多年的外资企业"员工发展"探讨中，有些独特的"玻璃天花板"说辞。然而，我是一个中国人，在英特尔工作十几年后成为英特尔成都公司的总经理，一定意义上，我个人职业发展的案例就已经打破了那种"玻璃天花板"的传言。我们把员工发展计划定义为提高员工管理层面和技术层面的竞争优势。当我们意识到一线主管的管理能力需要提升时，在2010—2012年的两年里我们花了不少投资来培训一线主管，教会他们所有最基本的管理技巧，提升他们的基本管理能力，以做到有效管理Y代员工，并获得业绩。特别极端的例子是我们在园区后花园里开辟了一对一谈话散步道，提示并帮助年轻的管理者与员工之间做有质量的交流（有效交流是管理学中重要的一步）。即使今天，我仍然充满热情，愿意教一线主管一些管理技巧。因为我深信，如果没有这些一线的有能力的管理者，公司就没法管理数量巨大的一线员工并取得卓越的工厂绩效。

这一章写得有点长了，我意识到也许需要另外写本书来更详细地阐述我们对现代管理学以及公司文化建设的领悟和创新实践。我们努力尝试尽最大可能去激励新生代释放潜能，年轻的公司每10年就会有一个代际转变，所以我们一定要认真对待。

在结束这个章节前，我要总结一下我们管理层从这次让人记忆犹新的8·18停产事件中所学到的要避免的管理陷阱：要重视员工队伍的代际转换，特别是工厂主力这一波人的代际转换。一定程度上，在中国外资企业里这些问题会变得更复杂、更具有挑战性，因为我们有文化的不同、管理理念的不同。英特尔之所以能克服这些困难，是因为管理层认可差异，从总部到本地各级管理层都有"求同存异"的文化理念和实践。在我们的总部管理层，我们有幸遇到了几个有着兼容并蓄文化理念的高层管理人员：科再奇，时任技术开发和制造部负责人，后来担任英特尔首席运营官，以及第六任英特尔首席执行官；理查德·泰勒，时任英特尔人事部负责人；史蒂夫·梅格利，时任英特尔分装测试部负责人；罗宾·马丁，全球副总裁，现任英特尔分装测试部负责人。他们的领导力和具体行动，他们倡导的兼容并蓄、求同存异的文化理念，让公司更好地持续发展。

我们把不可原谅的8·18停产事件转变为管理层对公司卓越运营学习的旅程。从现代管理学角度来说，把最基本的工作做对了，永远是最重要的。

07

尊重员工：英特尔浦东关厂的故事

如果8·18停产事件不是一个美好的故事，那我们至少可以把它转变为一个正能量的故事，让我们从中获得不少经验教训。一定程度上，这一章节的故事跟前面有些不同，它讲了一个"从快乐的开始到悲哀的结束"的故事。当然，从这个故事里面，我们也有许多心得反思，这些心得反思提升了我对领导力的领悟，特别是，让我重塑"以人为本"的管理实践。

震惊，英特尔浦东要关门？

2009年1月23日，中国新年之前的那个星期五，下午的办公楼很安静，因为许多人已经请假回家过年了。我跟我们的人事部经理南希·梁（Nancy Liang）边喝咖啡边聊天。

"卞，我觉得我们这次还蛮幸运的。"南希说道。

南希指的是上个星期刚宣布的计划关闭英特尔几个工厂的新闻（Rogoway, 2009）。因为雷曼兄弟房地产泡沫等因素导致全球经济衰退，所以英特尔计划在全球关闭几家工厂并把产能进行整合，以达到更高的利用效率。

"南希，你确定英特尔浦东不在关闭清单里吗？"我问道。同时开始思考为什么英特尔浦东工厂不在关闭清单里。

英特尔浦东成立于20世纪90年代早期，当时上海刚开始浦东的改革开发，其实仿照的是深圳在80年代的开放政策，典型的做法是政府创建一个有着特殊目的的自由贸易区，给予特殊的优惠政策，例如税收优惠以及货物贸易的快捷便利通关等。

对外资企业来说这些政策非常有吸引力，它们感觉到中国经济马上就要腾飞，以及有着高质量的中国人力资源，而且那时中国的劳动力成本还很低。在20世纪90年代，外资企业雇用一个有相同资质的工程师，只要花费相对于总部雇用工程师十分之一的成本，一个入门级工程师每月的薪水不到500美元，而在国有企业里，员工的月薪甚至低于100美元。今天（20年以后）中国外资企业的入门工程师的月工资大约是1500美元，仍然比美国市场上的入门工程师的月工资低很多。如果你雇用到"合适"的人并且能够激励这些员工，外资企业就可以继续享受相同甚至更好的产出。不容置疑，工资差距在缩小，但是市场的吸引力，成熟的基建设施，完善的生态系统以及高素质工程师供给依然是中国的巨大优势，吸引着外企继续在中国投资。当然现在的挑战演变为外资企业是不是有这些管理能力，能够在中国复杂的运营环境中生存下来，以及能够得到世界级的高产出的员工。许多外资企业在过去20年一直在努力，包括英特尔。

2008年世界经济进入衰退的时候，中国事实上受到的影响很小。上海GDP增长9.7%，成都GDP增长12.1%（China, 2020），虽然这两个地方的增长都比上一年降低了一点。上海的劳动力市场已经连续几年不断攀升，许多落户于中国一线城市（上海、北京和深圳）的跨国公司开始关注不断攀升的薪资。举一个快速比较的例子，英特尔浦东中级工程师的薪资在2007年时已与马来西亚相同级别的工程师的工资接近（马来西亚工厂是我们的兄弟工厂，给我们分享技术和薪资市场基准）。

除了劳动力市场薪资的快速增长外，英特尔浦东进入了一个困局：公司的税收优惠政策经过 10 年，主协议马上就要结束了，而我们没办法跟浦东区政府以及上海市政府重新商谈税收优惠协议，这有点像我在第二章里讨论过的"鸡和蛋困局"。另一个未被公众认知的困难是：浦东几个工厂的规模都不到英特尔标准工厂规模的一半（英特尔标准工厂规模约 2.5 万平方米，后来增加到约 5 万平方米）。我个人觉得 2.5 万平方米的工厂其实是一个合适的配置，它有一定的经济规模，可以灵活重新配置，但是非常不幸，英特尔浦东在世界经济衰退时却走到尽头了。

2009 年，中国新年前一个周六的早晨，太阳暖暖的，草坪静静的，我像往常一样，跟太太一起坐在阳台上喝着咖啡，同时看着我的邮件。我发现老板罗宾·马丁在线，于是发了一个"即时短信"给他。

"嗨，罗宾，早上好，这很有趣，英特尔全球范围的工厂关停计划里没有浦东？"深思熟虑后，我试探着询问他。

"？？？"一会儿，罗宾给我回复了 3 个问号。

"根据我有限的商业敏感和分析，我们在成本和税收优惠上已经失去了内部竞争力。而且我们工厂在产能上也没有规模优势。"我直接跟老板分享了我的想法和分析。

过了很长时间，老板给我发回一个不开心的脸部表情。

几天后春节假期结束，我们回公司上班了，罗宾邀请我去他家附近的"大竹"酒吧喝一杯，这家酒吧在浦东金桥碧云社区附近。十几年过去了，喝酒的那一幕还历历在目。

"卞，你的分析是对的，英特尔浦东在这次全球工厂关停潮中没能生存下来。浦东工厂不在第一批清单里面，因为在中国新年前我们没有约到时间跟浦东区政府沟通一下。"罗宾直接回答了中国新年前我通过短信发给他的问题。

"但是，科再奇（时任技术与制造部负责人）下周会坐飞机来浦东，把我们的决定通知浦东区政府，然后我们要召开一个员工大会向所有的员工通知我们的决定。"他说道。

坦率地说，对这个决定我并不感到惊讶，但是一想到我们一起成长的这个公司就要被关闭了，我感到特别的伤感。从1998年公司筹建时算起，我在英特尔浦东公司已经工作12年了。在这12年的职业生涯里，我从一个初级的电脑部在职培训主管成长为一个成熟的工厂厂长，我跟这个公司、同事们有太多的关联，当我看着它慢慢下沉的时候，巨大的悲哀感深深地笼罩着我，虽然我早已感到也许这就是它的最终命运。当我和团队随着闪存业务被剥离，加入新的合资公司，后来又被退回到英特尔大家庭时，我已经感觉到了。我感到特别悲哀，我要经历第二次工厂被关闭的命运。我刚成功地把英特尔的闪存业务从中国英特尔业务中剥离出来，或者说我刚从另一艘要沉下去的船上跳到这艘船上来。就像中国谚语说的："怕什么来什么。"

"卞，我希望你来负责浦东公司关闭项目。"罗宾继续说。

"给你几天时间考虑一下，然后告诉我你的答案。我知道这对你来说很艰难，因为你已经做过一个工厂关闭的工作，但是我想不出还有谁比你更适合做这份工作。"

这是一次不同寻常的、难忘的酒吧经历，也许你跟我有相似的经历，是的，酒精帮助我们完成了艰难的交谈。后来我们在那个酒吧开过几次重要的艰难的会，当敏感话题被触动的时候，人的情绪会波动，酒精有时候可以帮助人们安抚激动或伤感的情绪。

一周后，科再奇坐飞机来上海，与本地管理层举行了一个正式的交流会。我是本地几个高管中比较冷静理性的一个，一定程度上被称为"冷血"，另外几个高管非常不安和激动。

"卞，你怎么啦，为什么不震惊？"南希问我，因为她是人事部经理，知道这个决定比别人早几天，但是她仍然非常不安。

"南希，我刚从一个'棺材'里走出来，所以有些麻木。"我冷静地回答。"棺材"是指"闪存"工厂关闭——它在2008年刚完成关闭，这是我第一次，作为一个专业的管理者去关闭一个事业部，遣散了约1200名员工。这是一段非常令人感慨的经历，因为我的职业发展与"闪存"业务紧密相连，这我会在后面详细叙述。

科再奇组织的员工大会在一片混乱中进行，大多数员工非常震惊、不安和失望，许多人都哭了，他们眼里含着泪水，有很多人虽安静但愤怒。现场气氛令人窒息，情形非常紧张，许多带着情绪的问题不断地向科再奇轰炸，而他正要解释关厂背后的考虑。

"如果你们不断地攻击我，那我就离开这个房间。"科再奇已经显示出他耐心的极限了。我坐在第一排看到他试图让自己和员工都冷静下来，这句话奏效了，员工们安静下来，开始听他解释为什么要关闭工厂。跟我预料的差不多，全球经济大衰退导致了销售的低迷，进一步导致了产能过剩，英特尔不得不做全球的产能整合，所以那些陈旧且规模较小的工厂，首先会被考虑关掉，受影响的工厂分布在这几个国家：菲律宾、马来西亚、中国和美国（Rogoway, 2009）。当然还有别的原因，如税收优惠结束等，这在公众层面比较敏感，所以科再奇仅仅隐晦点到，没有细说。

"任何人想要一份工作，你就会得到工作，也许不是你最想要的工作，但是我保证每一个人都可以有一份在英特尔的工作，如果你是灵活的，可以搬家的。"科再奇大声、清晰地保证。在员工大会结束时，他重复了几次这句话。

我被他的话震惊了。2009年时，英特尔浦东有2400名员工。我答应了罗宾的要求，接手做浦东公司关闭项目的负责人。我在内心对自己说："这是最后一次了。"做关闭项目最大的痛苦是感情的折磨。曾经你用心、用脑、用满腔的热情和专业的素养组建的团队，你精心去呵护它，不断去磨炼这支团队，并取得了很好的业绩，而现在突然因为别的商业原因队伍要解散了，你是多么心痛，你不得不遣散你的队友，所以从情感上讲，我非常不愿意再接手做关闭工厂的项目。但是另一个声音在我的脑海中变得越来越清晰响亮：

"卞，我们在这个公司一起工作，一起成长，12年了，我们的汗水洒在这里，我们的友情沉淀在这里，我们每一个人，都值得被尊重、体面地离开这个我们奋斗的地方。"

"让我们以专业的素养结束我们英特尔浦东的旅程。"

接手项目后我成立了一个特别工作小组来设计关厂的每一个详细步骤，"完美谢幕"成为我们响亮的口号。

闪存工厂关闭的故事：
"以人为本"的实践

在详细讨论关闭浦东公司项目前，让我把视线拉回 2008 年，那时候英特尔决定结束在中国的闪存业务。在前面的章节我已谈到过，我曾经担任英特尔浦东闪存工厂厂长。闪存技术主要包括 NOR 闪存和 NAND 闪存，英特尔浦东闪存工厂主要做 NOR 闪存芯片的封装测试。NOR 闪存是英特尔公司当时保留的"夕阳产业"业务，它可以作为一个试运行的载体。所以英特尔保留这个业务很多年了，当一个新的制程被开发出来，在跑大规模量产的处理器生产之前可以用 NOR 闪存晶圆进行试跑。NOR 闪存的技术是内存单元以串联方式连接，而 NAND 闪存的技术是内存以并联方式连接。因此 NOR 闪存要求非常精准的"制程"来确保每一个单元都能运行，这才能保证较高的良品率和设计的密度。NOR 闪存的好处是简单，"在同一地方可运行"，即在内存条上运行代码和程序，不需要额外的处理单元。在 2010 年之前，NOR 闪存技术是非常受欢迎的，手机需要这样的技术，因为手机厂商可以用简单的内存条满足手机需要的功能，而不需要额外增加新的处理器（也称应用处理器），所以可以维持相对简单的材料清单（BOM）来控制成本。NOR闪存技术在手机上被广泛应用直到智能手机出现。NAND闪存技术是并行内存单元加上应用处理层结构，也被称为"储存和下载"结构，当智能手机功能和应用成指数级增长时，它需要更大的内存以及计算能力，由此NAND闪存技术开始被大量应用。

2006年，英特尔意识到，NOR闪存技术构架已经接近生命周期的尾声，所以在2007年6月16日，英特尔宣布把NOR闪存业务剥离出来，并寻找新的合资伙伴组建一个新的合资公司继续运营闪存业务直到它走完生命周期，这是典型的资本运作方式。"榨干橙子里的最后一滴橙汁"，英特尔第五任首席执行官欧德宁提出了这个想法，那是一个大胆的战略层面的思路，因为那时候NOR闪存业务大约有21亿美元的营收（从2005年的22亿美元降下来了），而且可以把那些剩余的机器设备重新利用，产生几乎是免费的现金流。但是利润在渐渐地被吞噬，因为智能手机的兴起需要高容量内存，所以处理器（AP）和NAND闪存的架构越来越受青睐，手机厂商开始把他们的架构移植到新的AP+NAND闪存架构上。在第八章我会详细讨论，"战略决定命运"，从这个纬度来观察英特尔浦东闪存工厂的关闭命运：我们骑在一匹错误的"夕阳技术"的马上，这个技术后来慢慢走下坡路，直到最后退出历史舞台。

长话短说，英特尔NOR闪存在中国的业务包括一个工厂以及相应的支持运营功能，大约有 1000 名员工，另外研发中心有 400 名员工。这些员工将要被剥离出去，从英特尔浦东工厂加入到一个新的合资企业——"恒忆"（Numonyx），这个合资企业由英特尔与意法半导体集团及一家私募基金 Francisco Partner 共同创建。剥离员工的过程非常痛苦和复杂，因为英特尔浦东公司所有的运作都是作为一个整体而存在的：从租赁的土地到所有的电脑网络架构，从员工的服务到供应链管理，甚至从公司的地址到公司法人主体，所有的一切都是在一起的。因为我们是一个公司，所以剥离工作就像从一个活人身上拉出一个小的附体。合资公司"恒忆"希望赶紧把业务做上去，而我们还困在剥离过程中，营收从 36 亿美元（当合资公司刚成立时），下降到 22 亿美元，几乎把意法半导体合并前的收益全部吞噬了。不久，"恒忆"出现现金流问题，它们决定把浦东工厂等大部分闪存团队的人员"退回"英特尔（因为人员剥离工作还没有完成，所以是退回操作），以节约现金流，而我们还困在怎么把剥离人员的工作做好，真是痛苦而滑稽。

2008 年 7 月，我们回到英特尔浦东公司。"卞，欢迎回家。"当科再奇访问英特尔浦东，在一个小会议室里面，他和我进行"一对一"交谈时对我说。同时他还对我说："在我们的技术服务协议 6 个月以后结束时，我希望你把它关掉。"

这虽然有点悲哀但是至少释放了我，因为剥离的过程，简直是无穷无尽的烦恼，犹如处在地狱般的感觉。科再奇的指示是非常简单和清晰的：英特尔中国的闪存业务，马上就要结束了。大约有 1250 名相关员工要重新安排工作或者被遣散。

我知道 6 个月的时间很快就会过去，怎么做是最大的问题。在 2008 年的时候，这么大规模的外资企业关厂和裁员，在中国还没有很多可以参考的案例。当时中国经济正在快速发展中，跨国公司在忙于筹建或者享受它们在中国业务的黄金增长期，而国有企业的关闭案例不在我们的参考范围内。在做了一些市场调研后我马上得出结论：我们必须自创一些关厂的流程和方法。在这危机和困难时刻，我们很高兴英特尔总部领导们有着"求同存异"的理念，感谢科再奇、史蒂夫和罗宾，当时的封装测试部的领导们，他们非常支持我们根据本地实际情况制订关厂以及遣散人员的计划，这很好地平衡了公司对员工的感谢以及公司业务发展的需求。简单总结，对于遣散补偿，我们提供了远高于政府劳动法规定的基本标准；对于业务发展，我们观察到大量员工有着非常敬业的态度，他们坚持站完最后一班岗，以专业的素养结束在闪存工厂的工作。

这是一段很不幸的经历，我把 11 年的青春韶华奉献给了这个工厂，而现在我却要做这个关厂项目。但是，从这个项目中我也是受益无穷的。我们精心策划了从四个方面来管理闪存工厂的关闭和员工安置遣散计划：（1）创建一个专职的管理团队来处理关闭项目；（2）认真定义员工遣散计划；（3）尽最大的努力帮助员工，安置员工，帮助他们找到新的工作；（4）以尊重员工的理念安排员工自愿离职计划，给员工选择权。类似的方法在后来 2009 年的浦东公司关闭时也被用到。

后来我又负责整个浦东公司的关闭，也许那时候我是这个公司最有经验的高管，能够平衡公司业务发展的需要和员工的诉求。

在总部和本地层面我们创建了一个专职的管理机构——本地关厂管理委员会，主要侧重于结束和关闭跟公司业务相关的所有事项；而总部的人员管理委员会，主要审阅、批准我们的计划和建议。这个管理层机构跟日常的运营管理是分开的，日常运营管理还是照常进行。

我们设计了第一个英特尔中国员工自愿离开项目（VSP），以及相关的遣散福利待遇，感谢员工过去十几年在英特尔的辛勤工作，我们把他们的贡献转换成相应的遣散费。为了给予员工离开公司时间的灵活选择和考虑公司业务的需要，VSP遣散费计算方法如下：N*P+X*p，其中N是员工的服务年限，P是过去13个月的平均月薪，p是当前月基本月薪。按照中国劳动法的规定标准，P值不能低于城市平均工资的3倍，而我们给员工计算出来的P是员工过去13个月的平均月薪，远高于政府标准。这个办法，是对员工在英特尔过去这么多年辛勤工作的认可，所以，也被员工接受。X系数是为了平稳业务的需求跟员工的选择，比如，"先期离职VSP"计算公式为N*P+3*p，旨在鼓励员工尽快与公司解约；"正常离职VSP"公式是N*P+1*p，让员工根据自己的情况分批次离职；"关灯队伍（意思是工作到公司关门的最后一分钟）VSP"计算公式为N*P+4*p，这些员工必须支持公司业务到最后时刻才能离开。这个VSP计划后来也被称作"N+X"计算方法，因为人们以为 P 和 p 是一样的，其实在英特尔 P 远大于 p。

我们理解员工需要一定的时间消化关厂决定，然后有个过渡期慢慢走出低谷，再计划重新寻找新的工作，每个人走过每一个阶段的时间是不一样的。所以我们非常仔细地把工厂业务运行和关厂做了分阶段的规划，然后预测每一阶段需要的人力资源；同时精心设计 VSP 计划，让员工自己选择离职的时间和批次，员工离职计划也是分批次进行，我们让这两个计划尽可能匹配。总部曾经几次问我们："怎么能够预估有多少人会在哪一个阶段离开？"那时候我们非常大胆，回答："我们不能够精确预测，但是可以根据对员工的了解做最好的猜测。"事实上最后数据显示我们的预估与实际非常接近，所以每一个阶段我们都有足够的资源来支持业务照常运行，同时员工可以根据自身情况选择他们愿意离开的时间。这也可以理解为一次"求同存异"的实践：总部不一定赞赏我们的建议，但是他们相信我们对本地员工最了解，支持我们沿着既定的关厂计划往前走。

在让员工离开之前，我们尽最大的努力让尽量多的员工在英特尔内部转岗，因为我们有太多的非常优秀的员工，他们在英特尔成长，其价值观和英特尔的文化理念非常吻合。我们大约安排了 300 名闪存工厂的员工到浦东公司的另外两个芯片组和处理器工厂（当时还不知道整个公司不久就要关闭）工作，另外有 50 名员工去了在紫竹科学园区的英特尔研发中心，后来在

2009年关闭英特尔浦东时，我们又安排了大约250名员工到研发中心，200名员工到英特尔成都工厂。员工内部转岗安置行动感动了很多"老"员工，因为很多员工随着英特尔在中国一起成长，从内心来说，他们深深地希望在英特尔继续他们的职业生涯。这是一个很具体的例证，就像科再奇说到做到的承诺，"如果一个人想要继续在英特尔工作，他就会得到一份英特尔的工作。"除了内部转岗安置，我们还邀请了猎头和招聘公司到我们公司来收集简历，招聘员工。事实上，很多员工马上就被别的公司聘用了，因为员工有在英特尔工作的经历，在业界有很好的口碑，而且英特尔员工在关厂这段困难期间所表现出来的专业精神也让他们在新雇主那里受到尊重。

2008年8月，我也许是第一位英特尔中国员工，或者说很小部分中国外资企业员工之一，亲身经历了外资公司在中国的第一波裁员风暴。我拿着"员工自愿离开（VSP）"协议（协议由我起草，人事部门编辑修改，合规部门审核认证），交给我的老板，但是我没有离开英特尔，因为老板没有在我的VSP协议上签字。

"卞，我相信，等你完成了关闭闪存工厂的任务，我一定会有一些非常有挑战性的工作给你。我不签你的VSP协议。"

老板接过我的VSP协议，放入抽屉里。嗯，那时候他一定没有想到这个令人非常有兴趣的富有挑战性的工作居然是英特尔浦东关闭项目。几个月以后，当我完成了闪存工厂的关闭工作，回到英特尔浦东工厂时，我被要求开始着手管理整个浦东公司的关闭工作。

第七章 尊重员工：英特尔浦东关厂的故事

英特尔浦东"完美谢幕"

从关闭闪存业务到回到英特尔浦东公司,我马上要做的工作是,重新看一下英特尔浦东是不是有机会和可能获得延期的税收优惠。不久我意识到,在过去一年多的时间里,这方面的工作没有取得任何进展。那一年,我被租借到"恒忆"合资公司做英特尔中国闪存工厂剥离项目。事实上,从我离开后什么都没发生,在这之前,我曾经在英特尔浦东公司战略委员会负责处理这个困局。如果你记得我在第二章所描述的,浦东2006—2008年的情况就是成都2013—2015年的一个镜像。但是英特尔浦东没有那么幸运:世界经济处在衰退期,浦东因为十几年的开发与发展,其GDP增长很强劲,当时的浦东区政府和上海市政府都非常自信地想脱离生产型经济的依托,朝服务型经济转型,所以取消了(或不再增加)对生产型企业的各种吸引和优惠鼓励政策。

跟我预料的一样,2009年中国新年以后,一场风暴袭击了英特尔浦东。前面我已经谈过,许多员工包括经理都非常难以接受关闭浦东公司的决定。以前,许多人都有这样的想法:"工程师的竞争力是万能的，英特尔是一家高科技公司，不会有问题的。"而我开始思考吸收前辈谈论的公司生存之道，就像安迪·格鲁夫说的："成功会滋生骄傲，骄傲会导致失败，只有偏执狂才能生存！"（Grove, 1999）

现在让我们把视线拉回到英特尔浦东关闭项目，我们利用关闭闪存工厂过程中所积累的经验，很快建立了相似的管理架构，沿用了类似方法，制定了自愿离职计划（VSP），有了关闭的详细步骤和员工的安置方案。当然跟闪存工厂相比，关闭浦东整个公司，其规模和复杂度要大得多，闪存工厂只占公司的40%，浦东公司的关闭又增加了一些新的复杂度：资产处置、产能合并和转移，以及员工的内部转岗。

资产处置是一个新的巨大的挑战，简单地说，自由贸易区并不意味着每一个贸易都是免税的，事实上，每一个进出自由贸易保税区的物品都必须被追踪管理，即每一桩业务都是被海关监管的，每一个"物品"的进、出在海关账本上都应该有记录，所以关厂时资产清算，所有剩余物品应该与海关账本结清。我们在工厂已经运营了十几年后才意识到这个问题，几十亿个物品已经在海关的记录里面，而我们内部没有相应的交叉追踪或者精准的系统记录以及完整的运营交易的清单总结，所以我们必须留下一个小团队，专门做资产清算，即使浦东公司已经关门。最后"关灯团队"员工完成了生产任务也离开了。事实上，那个小团队又花了一年时间来清理所有的资产：或者在海关账本上有，但实物已经找不到的；或者东西在仓库，但海关账本上没有任何纪录。最后，穷尽了所有的努力，但是依然没有办法清算所有的资产，因此我们还必须交数量可观的罚款才能把浦东这个公司关掉。这是一个很大的教训，让英特尔总部意识到管理中国海关合规风险的重要性。后来，当我成为英特尔成都总经理时，我就特别关注这个问题。我们花了5年时间在英特尔成都公司建立一个系统和流程，来处理复杂的资产管理，确保它与海关监管的要求100%合规。这也是在中国运营业务的一些隐性成本，当然我们找到了办法解决这个问题。我们通过重新定义资产用途，重新利用资产，再销售资产等来抵消这些费用，甚至有了盈余。而且对于设备资产部件，工程师可以用这个系统快速搜寻到维修和保养部件，极大地提高了工作效率。中国海关合规和风控管理，是另外一个在中国做生意很重要且需考虑的因素，详细的资产重新安排以及公司资产清算我会在以后关于卓越管理的书中讨论。

在 VSP 方面，我们延续了"闪存"工厂关闭时的实践和所学到的经验，设计了员工遣散赔偿和离职计划，感谢员工在英特尔工作，并且可以平衡员工个人选择的离职时间和公司业务需求，计算公式是 $N*P+X*p$，N 是员工在公司的服务年限，P 是过去 13 个月员工的平均工资，p 是当前月员工的基本工资，X 系数是为了平稳业务的需求跟员工离职时间的选择，对于"先期离职计划""一般离职"和"关灯小组"，X 值不一样。因为"闪存"工厂关闭仅仅发生在几个月前，员工们有很好的参考，大家很快就明白了计算公式和公司关闭步骤，非常感谢公司给员工提供的灵活性选择，以及在买断员工工龄方面的善意。因为我们采用了较高标准的P值，政府劳动法的最低标准是城市平均工资的3倍，而英特尔工资比市场平均工资高很多，事实上，2008—2009年时我们员工的平均工资比市场平均工资高很多倍。

第二要素是选择，员工选择离开的日期。每一个员工处在他们职业生涯和个人生活的不同阶段，在关厂决定宣布前，每一个人都有自己的人生规划。现在面对关厂的现实，员工一定要根据自己的状况调整以前的人生规划，我们决定尽早宣布我们关闭工厂的细节计划，这样就可以给员工足够多的时间来安排他们自己的规划，选择适合他们自己的离开日期。活跃的人，总是非常乐于接收新的挑战，所以他们非常快地在外面找到了新的工作。

"卞，我已经拿到了外面的工作，能不能早点离开？"员工A问道。

"祝贺你，我推荐你选择'先期离开VSP计划'，这样你能够拿到更多的赔偿金，也可以让你更早地离开。"我回答道。

"卞，英特尔是一家非常好的公司，我很想留在英特尔，但是我还没有找到合适的内部转岗机会。我该怎么办呢？"员工B问道。

"谢谢你，我会推荐你选择'关灯小组VSP计划'，这样你可以继续在这边工作几个月，同时利用这段时间继续在内部寻找工作机会。"我建议道。

"卞，无论是内部还是外部，我都还没有找到工作，而且我现在的工作职责也不属于'关灯小组'的一部分，我该怎么办？"员工 C 问道。

"我建议你选择正常批次稍微晚一点的时间段，或者正常批次最晚的时间段，如果在这期间你拿到了外面的工作机会，你可以走特殊申请流程离开，或者你也可以与新公司协商，等你到离职那天。在第一种情况下你提早离职仅仅会损失一个月或两个月的基础薪水，在第二种情况下你不会有任何损失。"我解释道。

员工 D，E，F，等等，有许多细微的不一样的情况，员工们非常聪明，能够管理好他们的离职时间以及跟新公司协商好入职时间。总而言之，仔细设计的关闭计划，让我们的员工在各种情况下都有很大的灵活性。反过来，在整个关闭工厂期间，我们精确地预测了运营所需要的资源。（图 7-1 显示了英特尔浦东关闭期间预测和实际自愿离职人数）

至此你也许想问："员工内部转岗计划怎么样了？"或者说科再奇承诺的"每一个人都会有一个工作，如果你想在英特尔工作，当然这不一定是你所希望的工作"做到了吗？

是的，跟员工自愿离职计划并行，对于员工在英特尔公司的内部转岗，我们设计了"例外"规则。好消息是，那时候英特尔中国别的业务部门正处于上升期，特别是上海紫竹园区研发中心和英特尔成都公司。我们与英特尔成都的管理团队以及成都高新区政府，一起设计了一个有足够吸引力的奖励政策吸

浦东关厂在职人员统计趋势

■ A组预测　▨ B组预测　— 实际总数　●— 内部转岗

时间	数值
2009-05	29
2009-06	25
2009-07	28
2009-08	17
2009-09	14
2009-10	25
2009-11	8
2009-12	13
2010-01	11
2010-02	
2010-03	2
2010-04	

图 7-1　英特尔浦东关闭期间预测和实际自愿离职人数

引上海的员工来成都工作。虽然对许多员工来说，从像上海这样的一线城市，迁移到成都这样的二线城市，是一个很大的挑战，包括我自己，在做浦东公司关闭项目时，我根本没有想到我会被要求担任英特尔成都公司的总经理，事实上那时候我没有任何要离开上海的想法。许多员工不喜欢这个选项有很多原因，包括孩子教育、医疗保险、户口问题、房子问题、生活方式差异，等等。许多人甚至说："从上海迁移到成都，比从上海迁移到海外，更具挑战性。"然而英特尔成都公司，计划吸收 60% 的浦东产能，所以非常需要有经验的工程师和技术人员。我们考虑给员工提供更多的灵活性，把"单向迁移"和"双向安置计划"混合在一起，让员工选择。双向安置计划是浦东 VSP 员工"关灯小组"计划的一部分，"单向迁移"可以逃离被解职的风险，在英特尔成都公司找到一份工作。我们为"单向迁移"增加了两年的挽留奖金，加上成都高新区政府提供的在成都高新区买房子的折扣，事实上我们有超过 200 名员工从上海迁移到成都（包括"单向迁移"和"双向安置计划"），许多人在成都的实际工作时间远远超过两年，帮助成都工厂逐步走向成熟，最后都拿到了全部的"挽留奖金"。另外大约有300名员工在英特尔内部找到了别的工作机会，他们主要是在上海紫竹科技园区的英特尔亚太研发中心工作。

2009年8月下旬，宣布英特尔浦东关厂6个月后，每一个员工都有了自己的决定，或者已经有了新的工作，或者已经决定好离开的时间，伴随着丰厚的员工自愿离职计划赔偿金，事实上50%的员工已经离开了（见图7-1）。在这期间，我们没有影响任何的工厂订单和产能，"完美谢幕"成为英特尔浦东一个真正的传奇。

至于我自己，在英特尔市场销售部，找到了一份工作。而且这次我拿到了VSP协议，老板罗宾这一次在我的VSP协议上签字了，不像上一次闪存工厂关闭时他没有签字。现在也许可以说我是那些早期在中国拿到VSP的人，那时候中国的现代经济正在蓬勃发展。也许我是唯一一位在中国外资企业里，一年中跟同一家公司签了两次VSP协议（自愿辞职计划），最后还没有离开的人。现在当我写这本书时，我又想起了那些难忘的岁月，真是感慨万千，那个时候可是中国经济蒸蒸日上腾飞的岁月。

2009年8月底，我带着太太和孩子在美国加州的迪士尼乐园度假，想要放松一下自己，调整好状态，准备过几周开始在市场销售部的新工作。这个假期开始时有点奇怪，我们的孩子，在上飞机那天清晨感冒发烧，第二天晚餐，我在吃一片面包时，一颗牙齿裂开了，后来，同一个星期，我太太病了，被送到医院输液。但是我们很坚强，克服了这些困难，在迪士尼乐园玩了几天后开车到我们的第二个度假点——环球影城。我们刚到达宾馆做完登记，我的手机就响了。

"卞，30分钟以后请打进一个会议电话，老板要跟你开会。"老板罗宾的秘书有点焦急地跟我说。我觉得很困惑，因为我把所有的工作都安排好了，上周五，我度假前的一天，我把所有的工作细节都跟老板分享了。又出什么事了？我满脑子困惑。

"卞，我希望你和你的家人，有一个很好的假期，但是也许你的下一份工作会有些变化，我们希望你去成都担任总经理。当然你有几天时间可以与你的家人一起协商考虑。"罗宾迅速地讲完了他要说的话，然后让他的合作伙伴史蒂夫（他们两个同时在负责运营英特尔全球封装测试事业部）跟我谈了一会儿。

"好，非常惊喜，但是让我先跟家人讨论一下，对我们家庭来说，这是一个很大的变化。"我回答道，但有一种抑制不住的兴奋。

假期继续，我们从环球影城出发，继续沿着漂亮的加州1号公路向北行驶，在一些美丽小镇做了停留。几天后我们来到了莫罗贝海湾（Morro Bay），加州1号公路旁边的漂亮渔村，我对它依然记忆犹新。在海边渔人码头甲板上一个很漂亮的餐馆享用新鲜美味的海鲜大餐时，我太太很平静地说：

"亲爱的，我们俩都上班，留给儿子凯文的时间太少了，儿子马上就要上小学了，需要更多的陪伴和关心，我觉得我们可以接受这个挑战。对你来说，这正是一个很好的机会，可以实现你带领一个优秀团队的梦想。"

但是这意味着她要辞去上海联泰大都会首席信息官（CIO）的工作。

2009年10月7日，我开始了在英特尔成都公司担任总经理的工作，此后我和我的成都团队就有了那么多令人称奇的故事，我在前面几个章节中已经分享了一些。

在结束这个章节时，我扪心自问：从工厂关闭以及员工遣散的项目中我们学到了什么呢？在关闭工厂项目前，我观察到同事间有很多冲突，甚至有恶作剧般的竞争，在我们工作的场所每天都有一些不够专业的行为。一定程度上讲，本地管理团队的领导竞争力处在"我们不知道我们不知道什么"的水平。在关闭工厂和公司的项目中，我们许多人重新理解和学会了：专业素养、真诚地尊重员工、建设一个"求同存异"的文化环境，给员工提供尽可能多的灵活性选择。简单地说，你希望如何被对待你就应该用这个方式去对待你的员工。完成关闭工厂项目后我跟自己说："我要领导一个中国的团队，让其成为英特尔公司最好的战队之一。"那是我作为一个领导者的梦想，而这个梦想很多年后才实现。在危机发生时很容易测试出一个管理

> From: Krzanich, Brian
> Sent: Wednesday, November 04, 2009 9:00 AM
> To: Fortmann, Scott <scott.fortmann@intel.com>; Martin, Robin <robin.martin@intel.com>
> Subject: RE: Bian
>
> 这主意都是从那天早上我跟你和罗宾的愉快晨跑中来的 ... 我记得是罗宾
> 从背后追上我们后问:"你们觉得卞咋样 ..." 😊
>
> 　　　　科再奇
>
> From: Fortmann, Scott
> Sent: Tuesday, November 03, 2009 5:59 PM
> To: Taylor, Richard HR; Krzanich, Brian; Megli, Steven C; Martin, Robin
> Subject: Bian
>
> 我来成都两天了,昨天我震卞花了很多时间。花了那些时间后我坚信了我们当初委派他到成都的决定是非常明智的。
> 他把问题看得很清楚。他明白他自己和其他高管必须如何来带领成都团队。虽然他还没有完全推演出所有的细节,但他很清楚哪些是必须完成的任务和得到的业绩。他展现了高昂的激情和能量,当然一个典型的卞。这些给与我们足够的信心:我们肯定可以把成都拉回正常的轨道。
>
> 斯科特

图 7-2　科再奇与斯科特·福特曼(Scott Fortmann,英特尔人事部负责人)电子邮件交流屏幕复制

者的领导力——或者扭转局面,上升到一个非常强壮的状态,受到员工的尊重;或者领导的原则不能为大多数员工认可并尊重,继续下沉为路人甲。

　　现在我要给你一个小小的奖励,因为你耐心地阅读到了这里。告诉你一个有趣的小故事——2009 年时我是怎么被选为英特尔成都公司总经理的。这是一个真实的小故事。我被提名,是在一天早晨领导者们跑步的时候。科再奇、斯科特和罗宾在一起跑步,科再奇和斯科特跑在前面,在讨论最近面试英特尔成都公司总经理的人选情况。在 2009 年 8 月 18 日工厂停工以后,科再奇指出,这个岗位需要领导者的责任感、使命感。罗宾比他们跑得慢一点,他快跑几步追上科再奇和斯科特,然后说道:"你们觉得卞怎么样?"这个故事,我听到过很多次但从来没有被证实,直到最近,罗宾在整理他的电脑时偶然发现了一个过去的邮件,并将其转发给我。图 7-2 是科再奇与斯科特交换的邮

件，证实了"晨跑选择总经理"的故事情节，这真是个有趣但真实的故事。

08

战略决定命运：
NOR 闪存之旅程

"**战**略决定命运：战略如何改变公司的未来形态"（Burgelman & Grove, 2002），这本书描述了英特尔公司是如何在不一样的竞争阶段成功转型，并且成为世界上技术领先的科技公司。我开始意识到战略的威力是在后来我管理闪存业务时，这是一段有收获但苦涩的经历。

两种闪存技术：NOR 和 NAND

2003 年 3 月 1 日，我被挑选成为英特尔浦东三个工厂之一的"闪存"工厂厂长。在 20 世纪 90 年代后期中国上海浦东开始改革开放，提供优惠政策吸引外国公司直接投资，在这个大背景下的"闪存"工厂是英特尔公司在中国的第一块工厂试验田，主要做 NOR 闪存的封装测试，NOR 闪存业务是英特尔当时保留的一个"夕阳产业"，其存在的最大意义是它可以为新制程流程开发服务，以及可以重新利用二手的设备，当然这是几年以后我担任工厂厂长时才领悟到的。20 世纪 90 年代，外资企业感觉到中国市场有无限可能，但是还未尝到收益的果实，所以英特尔公司开始小心翼翼地投资"闪存"工厂试验田，因此工厂的规模非常小，大约只有 3000 平方米的洁净车间，仅是英特尔现在标准 2.5 万平方米洁净车间的 12%。后来在 1998—2000 年，当中国业务情况变好的时候，我们又进行投资，把车间边上的办公室区域改造成了洁净车间，然后在 2003 年的时候又把邻近建筑里的咖啡厅和员工娱乐活动中心改造为了洁净车间，即使这样，3 个工厂加起来也只有 8000 平方米的洁净车间，大约只有英特尔标准工厂 30% 的规模。现在你大概已经意识到，

"闪存"工厂出生时就有缺陷，它缺乏高产能所需要的规模，而在竞争激烈的闪存业务领域，规模是巨大的竞争优势。

英特尔公司建立之初的业务是存储业务 EPROM，在 20 世纪 80 年代晚期才转为以处理技术为主的公司（Burgelman & Grove, 2002）。但是，由于内存芯片的独特性以及可以不断重复生产流程的重要步骤，从而强化并稳定生产工艺的特性，对工厂生产流程来说，内存芯片可以作为很好的开发载体。在二十世纪八九十年代的很长一段时间里，闪存芯片一直被用来帮助"制程"开发，所以闪存业务就有很大的存在意义了，尽管它是一个很小的业务分支，但它提供了"闪存"制造业设备中重新使用一些二手设备的机会，因此，固定资产的投资就会相应减少，或者说抵消掉一部分，这也许就会让现金流成为正的（Malone, 2014）。

在存储业务上的技术发展包括 ROM、RAM 和闪存（FLASH）以及后来的相变内存（Electronics_Notes, 2020）。ROM（只读型内存），很长时间内一直是一个夕阳技术；RAM（随机存取内存）是随断电而内容消失的可读写内存；闪存是不随电流变化的读写内存，也就是说断电时内存里的数据还存留。早期闪存技术主要有 NOR 和 NAND，而且 NOR 架构占据市场主流。NOR 和 NAND 是两种不一样的技术架构，简而言之，NOR 是串行内存架构，而 NAND 是并行结构，但是 NOR 有一个独一无二的优势——"在同一个地方执行"，也就是说，要运行编码和程序在同一个内存芯片上就可以做到；而 NAND，必须依赖于应用处理器来执行编码，存储内存与处理器在两块芯片上。这些不同让 NOR 结构在早期，大约 20 世纪 90 年代，特别受手机厂商的欢迎，因为材料清单（BOM）结构简单，成本低。但是当智能手机开始发展盛行时，对手机功能就有了很多要求，NOR 闪存的内存容量，就不能满足市场的需求，而要生产高容量的 NOR 内存，则非常的昂贵。要实现智能手机的许多功能，当"处理器加上 NAND 内存架构"，变得比"NOR 单片架构"更便宜的时候，转折点就出现了，比如第一代苹果手机开始盛行时，NAND 架构开始越来越受到人们的青睐；另一个原因则是容量的考虑，NOR 的串行结构，考虑到良品率的挑战，单一晶片的容量增长就非常有限。而 NAND 的并行架构，可以很简单地利用熔断技术实现客户所定制的容量，或者利用存储单元备份模块技术实现精准存储容量，并确保高良品率，最极致可以做到晶片零损耗。NOR 试图利用多层结构的存储单元（MLC）存储更多的字节，以及用多层封装晶片来抵消 NOR 架构"先天不足"的低良品率。但是很快这些新技术也被 NAND 厂商使用了。图 8-1 显示了随着"制程"技术的发展，每一块芯片里的晶片数以及每一片晶片的容量和密度的变化情况。把更多的晶片封装在一块芯片里以提高内存容量，这个方法帮助 NOR 闪存业务在大规模智能手机发展前"苟延残喘"了一阵，但是随着智能手机对内存容量的指数级增长，NOR"闪存"生产企业就无法与 NAND 闪存制造企业竞争了，因为 BOM 简单的优势已经消失殆尽了。

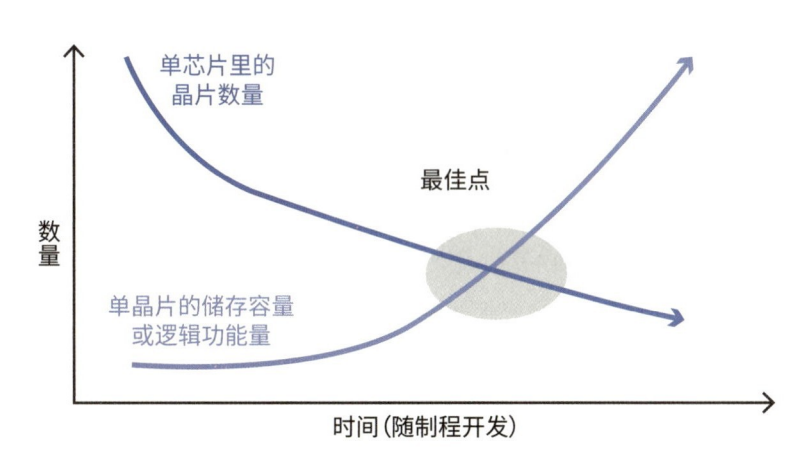

图 8-1 单晶片晶体管密度和一个芯片上晶片数量的关系示意图

如果你联想到逻辑芯片，我们就能观察到一些相似的现象。也许人们会说，复杂程度是完全不一样的，这点我同意。我的观点是，逻辑芯片需要的功能以指数级增长，特别是以各种形式的"系统芯片"（SOC）来呈现，但是，把越来越多的功能集合到同一块晶片上且还要跟随摩尔定律的步伐，显而易见是越来越难了。一个折中的解决方案是，如果太多的功能无法放在一个晶片上，就把更多不同功能的晶片叠加在一起封装，以实现上述想法。所以图 8-1 对逻辑芯片也是有意义的。我们把逻辑芯片功能密度取代内存容量，"最佳平衡点"也同样可以找到，当然随着"制程"技术的发展进步，这个最佳平衡点出现的点位会有所不同。如果把功能整合在一块晶片上太昂贵，那么就把多个晶片叠加在一起来达到相似效果。当然，考虑的因素不仅仅是成本，还有性能、大小厚薄的限制、功耗、在多个晶片间数据传输的延迟，以及封装流程的复杂度，等等。我的观点是，在新一轮晶片技术开发出来前，"最佳平衡点"是存在的，这主要是由摩尔定律和半导体设计技术决定的。实际上，封装技术的整合一直是摩尔定律的替代或者说扩展方案。

NOR 闪存退出历史舞台

铺垫好技术背景后，现在我们就可以谈谈英特尔闪存业务了。一个经常被问的问题是英特尔为什么选择闪存业务作为在中国的第一个试验田。在前面我谈到过 20 世纪 90 年代后期，浦东开发的第一波浪潮，外资企业知道中国未来会有很大的市场潜力，所以在战略上它们需要企业在中国落脚，试水一把，享受"第一个吃螃蟹"的好处，同时慢慢地对中国市场建立自信和信任度。从这个意义上讲，英特尔是一个成功的例子。别的问题就相对清晰了，在美国政府出口限制中闪存技术不受控制。我们暂不讨论美国出口控制政治方面的影响，每个国家都有自己的法律规定，作为公司必须遵守这些要求。这个道理非常简单，比如在体育比赛中，篮球赛就有篮球比赛的规则，不能用足球比赛的规则来打篮球比赛。当时根据美国政府出口控制规定，闪存技术不在这个清单里。从今天的角度看，我觉得这是一个非常智慧的选择，利用闪存技术不受出口限制，作为一个试验田，播下种子，然后让英特尔在中国的业务慢慢发展壮大。当然，闪存技术的命运，也是非常确定的。因为这个技术处于夕阳期，所以其只有很短的生命周期。

当然，20年以后的今天，我们很容易"事后诸葛亮"评论此事，但是在2005年之前，许多人是没有战略智慧来预测NOR闪存技术已经在衰退的道路上的。直到2005年，技术专家们才开始争论，对于智能手机来说，两种闪存技术的优点和缺点，这在第一节已经分析过了。因为缺乏战略眼光，我们全力以赴地强化"同一个地方执行"这个NOR闪存最主要的优点，而且，从美国引进"封装开发技术"应用到浦东工厂，努力生产高容量的芯片来满足智能手机对更多功能的要求。我们没有意识到，当智能手机开始大规模盛行时，对内存的高容量需求成指数型增长，叠加更多晶片封装在一起仍然无法满足智能手机对高容量内存的要求（Hindriksen, 2011），而且增加了封装流程的成本和复杂性。那时候我负责浦东闪存工厂，我们意识到，必须降低生产成本，那样"闪存"工厂才有一定的盈利。于是通过良品率的提升，产能的充分利用，生产效率的提高，以及在内存测试技术上创新方法和突破常规思路，我们取得了卓有成效的成本降低：从比外包高15%的成本降低到比外包低15%的成本。我们非常自豪取得的这些成就以及"效率能量工程"的文化建设，这是我早期学习意识到员工参与的重要性以及文化建设的巨大潜能。然而，我们虽然赢得了成本的"战役"，却还是输掉了NOR闪存业务这场"战争"（Schwartz, 1965），因为它存在技术缺陷而逐渐退出历史舞台。

2006年，英特尔看到了一个转折点，智能手机开始大量地采用NAND内存和应用处理器的架构，弃用NOR闪存简单构架，所以英特尔开始了一个战略课题叫"红公鸡"，在市场上寻找机会把有 22 亿美元营收的 NOR 闪存业务剥离出去。2005 年时这个业务为英特尔贡献了 5.7% 的营收，是一个不小的事业部，但是因为大家对这个技术的将来持不乐观态度，所以很难找到买家。经过很长一段时间在市场上搜寻，意法半导体和一家私募基金（Francisco Partner）对此表现出兴趣，于是三方合资建立一家新公司——"恒忆"。这个公司是在 2007 年 5 月 22 日宣布筹建的（Clarke, 2007），但这是个"新生儿"，刚出生就遭遇了太多的困难。

首先，"剥离"工作非常困难，英特尔原先的管理结构是所有的运作都整合在一起的，从总部到各个分公司，我是说，运行一个公司的每一项机制，都是融合在一起的，这在很大程度上，把 NOR 闪存业务剥离出去比成立一家新公司更困难、更昂贵。

其次，与英特尔相比，无论是从公司运营管理模式还是从公司文化讲，意法半导体公司都与其完全不一样，很多时候的交谈就像鸡与鸭的交流，因此经常需要花费很长时间才能达成一致意见，做一些事情，在我租赁给"恒忆"公司的几个月时间里，我每天都在为剥离以及新公司整合而烦恼。事实上，那段时间我比较痛苦，虽忙忙碌碌却一无所获。后来"恒忆"公司浦东运作的大部分员工又重新回到英特尔，对此，许多员工非常高兴，因为在合资公司"恒亿"，许多文化元素，比如"平等待人""求同存异"等根本就不存在。

第七章谈论闪存工厂关闭的时候，我简短地谈到了在关厂的同时还要履行技术服务协议，现在让我把流程描述一下：

- 2007年5月英特尔宣布，闪存业务从英特尔剥离，与意法半导体和私募基金筹建一个新的合资企业。

- 2007年9月，所有英特尔中国闪存业务的员工（工厂、研发中心以及相应的支持部门），租借给恒忆为剥离做准备。

- 2008年3月31日，恒忆公司宣布成立，同时从英特尔和意法半导体公司"剥离"的工作继续进行。

- 2008年8月，除去产品开发研发中心的130名员工外，大部分浦东闪存业务相关的员工重新回到英特尔公司。同时英特尔与恒忆签订了一份技术服务协议，协议有效期至2008年12月31日。

- 2008年12月31日，英特尔闪存业务全部被关闭。

艰难的一年半时间，整个闪存团队经历了过山车般的上下跌宕起伏，然而这段经历让我领悟到对员工和公司负责的韧性管理领导力，并且这种领导力融入到了我以后的管理实践中。在供应链管理中，技术服务协议不是新鲜事，许多没有晶圆厂的公司，或者没有生产能力的设计公司，都把它们的生产运营和服务外包给专门负责生产制造芯片的代工厂（foundry）和外包生产公司（subcontractor）。在我们的剥离事件里，不是协议本身，而是协议的反复变更让员工感到非常不安，以至于员工是非常勉强地支持服务协议。当然专业素养和个人诚信，帮助员工度过了这个困难时期，特别是我们以一种令人尊敬的方式平衡员工的利益和公司的战略方向。我们知道，技术公司总要面临业绩上下起伏的挑战。

在"闪存"工厂的经历让我深刻地意识到战略方向的重要性，在高科技领域，战略方向与创新是紧密相连的，只有不断地创新，才能让产品具有竞争优势，同时实现突破性技术的挑战。我很自信地猜测，英特尔总部，非常了解NOR闪存技术的缺陷，已经清楚地看到了NAND闪存技术的竞争优势，以及在内存技术演绎发展方向上出现了一些新的内存技术，例如"变相内存"等。现在让我们回头看，我们很容易地意识到，NOR闪存技术是落伍的，它的命运是注定的，但是，20年前在中国我们没有能力去预测到NOR闪存技术和业务即将被淘汰。

现在让我们总结这个章节的内容——"战略决定命运"：当智能手机开始盛行需要巨大的内存容量时，闪存技术显露了致命的弱点，它的串行架构决定了它是没有竞争优势的；而英特尔浦东管理团队作为一个海外分部，没有能力预测到NOR闪存技术的曲折发展道路，许多部门以及研发中心都是基于这个"夕阳"技术发展起来的。当然，在最后NOR闪存技术剥离的复杂程度远超预设，成为压倒骆驼的最后一根稻草。但是，坦率地说，即使英特尔浦东的闪存业务剥离很容易，新的合资公司开始得也很顺利，对英特尔浦东 NOR 闪存业务来说也只是能够继续"苟延残喘"一会儿，因为它的命运是注定的。我非常感激在闪存业务工厂的那段经历，它教会了我许多，强化了我的领导管理能力。

战略决定命运：我们应该学会并建立一定的能力来理解技术的演变和预测突破性技术带来的转折点，同时当我们看到自己的技术相比新生的竞争技术有明显的缺陷时，我们要直面残酷的事实，承认不断涌现的竞争对手和突破性技术，而不是只看到自己技术好的一面并继续夸大幻想。而且我们不应该盲目地让组织变得越来越大而不考虑业务和技术的可持续性。雇用员工是一件简单的事情，但是让员工离开是一个很艰难的选择，因为许多家庭会受影响。战略决定命运，领导制定好的战略是人心所向。

兼并收购：我们应该意识到兼并收购是一个很好的让业务快速增长的方法，但是，这不是一个让"夕阳"业务持续的好方法，合资公司加剥离"夕阳"业务，无论对员工还是对业务来说，都是最差的组合。员工仅仅是跟着他们的领导者走，而不是跟着技术和战略走。如果一个领导者选择了一个错误的业务和技术方向，导致员工牺牲了他们的职业生涯和生活，对大多数员工来说这是非常不公平的。也许人们会说，这是每个人自己的选择呀，这当然是对的，但我始终坚定地认为作为一个领导者，应该对自己有更高的要求，能够真诚地用一种透明的方式告诉员工自己对技术战略的分析和理解。而这也许可以让我们联想到 2017 年英特尔 10 纳米延迟的窘境。

有韧性的领导力：在第七章谈过的关闭工厂的经历对我来说是少有的机会，它让我重新意识到，我们对待员工要像我们自己希望被对待的那样；这次的兼并收购教训，让我在韧性领导力方面有所顿悟。当事情已经走向错误或者变得不可预料时，领导者必须带领自己的团队在困境中上下求索，"杀"出一条路来，这样整个团队才会变得更加强壮，更能面对未来，因为，困难总会不期而遇，战胜了困难，团队就"更上一层楼"了。

战略决定命运。

09

再看泡沫：互联网和全球化

1998年1月5日，我加入了筹建中的上海浦东英特尔闪存工厂，职务是在职培训电脑部主管。我是20世纪90年代末从海外回国的那一批人，我拿到学位证书以后就直接回国了，这些年见证了中国过去二十几年的蓬勃发展。我觉得自己有幸参与了实现经济高速发展的改革开放进程，并且也是这个过程中的受益者。今天的中国已经成为世界中重要的、有价值的一员。当然，这是现在的回顾，当年我加入英特尔的时候可没想那么多。

与英特尔结缘

我在国外大学主修的课程是计算机科学，笃信"技术改变生活"。那个年代英特尔和微软是最吸引计算机系学生的两个大公司。我研究生毕业时，英特尔在我的家乡上海刚开始筹建分公司，所以我义无反顾地投入了它的怀抱。对我来说，这是一个简单的选择。

"当时我们只是提供了一个在职培训电脑部主管职位，我们没有意识到我们聘用了一位总经理，以及英特尔事业部副总裁。"2019年4月7日，在美国的凤凰城，我们与林邦葛相聚时她笑着对我说，她是当初英特尔浦东筹建时候的总经理。

"我自己也没想到会在英特尔工作这么多年，我起初以为只工作5年左右，然后继续去别的公司看看。但是英特尔一直不断地吸引我，它的全球观，它的文化，它的'用技术改变世界，让人们生活得更好'的愿景，让我非常乐于成为它的一部分。"我真诚地回答。这是我当初加入英特尔的原因，也是促使我过去23年在英特尔工作的动力。

20世纪90年代晚期，随着互联网的快速发展，信息技术进入高速发展期，我们把那段时期称为互联网泡沫期或者doc-com泡沫期，而伴随着市场对英特尔处理器的巨大需求，英特尔公司进入了第二个黄金增长期（Malone, 2014）。英特尔其实有很大的雄心想要在中国市场上赢得更多的商业机会，虽然刚开始时英特尔只是尝试在中国建立了一个规模较小的闪存工厂。随着高科技工业的高速增长，发达国家的许多溢出的外包业务开始走向全球寻找落脚地。而那时候的中国恰好有许多自由贸易区和高科技园区已经建好了，正好适合那些溢出的业务（施展，2018），这个过程后来被定义为全球化。在很大程度上，过去30年世界经济的发展得益于全球化——许多国家参与，建立全球化的生态系统，按照比较优势原则取得最大效益。我不是宏观经济学专家，无法从宏观经济的角度讨论全球化现象，但是我可以从微观的角度，从我们的切身体验谈谈，这场21世纪初形成的全球化趋势是如何影响跨国公司的。读者可以自己去预测，未来的10—20年全球化会怎样演化，特别是后疫情时代，多边贸易关系将面临巨大的不确定性和挑战性。

1998年初，我刚加入英特尔时，最初6个月的职位是在职培训信息技术部主管，所以我有足够的时间学习了解信息技术部的每一个岗位、每一个团队，从技术上、业务需求上了解每一个信息技术部的职能，以及复杂的技术和流程。事实上，我走得更远，我不仅了解了信息技术部门的职能和流程，而且进一步了解了供应链管理、生产流程、财务运作以及跨国公司全球运营的模式。许多早期在中国的外资企业工作的人,也许还记得大多数外资企业在中国开始运作的时候,常规套路是先建立一个办事处,然后建立各种公司法人单位,比如销售市场部主体、生产制造企业、研发中心,等等,然后是在中国建立一个地区总部,拥有多种总部功能。英特尔浦东是一个生产制造企业,有一个总经理作为法人代表,所有的职能部门向总经理汇报,信息技术部也是直接向总经理汇报。信息技术部是英特尔一个比较关键的部门,因为所有的生产运营都需要信息技术的支持,同时它负责与总部信息技术的后台连接。信息技术部由几个部门组成:基础设施部包括广域网、局域网、数据中心以及数据通信;自动化部门包括工厂生产使用的自动化系统、生产线管理系统、生产任务安排系统、设备控制系统;应用管理部包括企业资源计划管理(ERP)系统、财务系统、人事管理系统、工资支付系统;用户和办公效率系统支持部包括办公室个人计算机管理,以及所有的为生产服务的办公软件支持;用户支持和技术响应中心包括远程问题解决、远程或者现场用户支持,以及信息技术的各种灾难恢复以保证业务平稳运行。6个月的在职信息技术部主管培训帮助我进行了很好的过渡:从侧重于软件和人工智能领域学术背景的专业人士,转变成一个实战型的信息技术部主管。我每天的日常管理要考虑,大到工厂里自动化系统是否正常运行并保证生产,小到一个员工的计算机坏了也许会让他丢失几小时的工作时间等琐碎但对公司运营很重要的事情。在那些日子里,我很惊讶地发现,一个信息技术部主管是如何影响工厂厂长或者公司总经理的决定的,也许今天仍然是这样。

"孙宗明，我用两个手指头，就能让你的整个工厂在几秒内停止运行。"在一次生产会议上，讨论数据中心做计划维护需要预先安排停运生产线的时间时，保罗·卡拉姆（Paul Calame）[1]笑着说。

孙宗明，时任浦东闪存工厂厂长；保罗·卡拉姆，是我在1998年的在职培训期间的合作伙伴，是资深的信息技术部主管。孙宗明，我在第四章谈到过的，他是外籍专家，过渡期管理者，他们在早期中国打开国门快速发展时帮助许多本土人士迅速成长为专业的管理者。保罗·卡拉姆是美国人中那些对中国从来没有偏见、帮助中国人更好地理解美国、在中美间架起友谊桥梁的人群中的一员。他帮助我成为一个专业的信息技术主管，鼓励我做真实的自己，用现代管理和领导语言来说就是"做一个本色的自己"。

1998年下半年，我正式成为英特尔浦东信息技术部主管。很快，高速发展开始成为英特尔浦东的主旋律。首个"闪存"工厂只是一个试验田，不久英特尔就意识到，必须加快步伐才能在中国市场上赢得更多的市场份额，以及聘用到中国市场上有限的高素质人才，所以，英特尔又马不停蹄地新建了芯片组厂和处理器工厂。当时关于美国政府对微处理器生产技术出口

---

[1] 保罗·卡拉姆在中国工作时英特尔公司为其译名为卡伦浦。

限制的政策，大家还有一些争议，但很快就厘清了哪些技术需要向美国政府申请出口许可，而闪存封装技术不在清单里。所以闪存封装技术以及产品的研发，被转移到英特尔浦东（当然后来我们意识到 NOR 闪存是一个"夕阳"技术，即将走向结束，这我在第八章阐述过），一切都是那么生机盎然，蒸蒸日上，在 20 世纪末我们带着对未来的美好憧憬迎接 21 世纪的到来。

2000 年 1 月 1 日凌晨 3 点，我从英特尔浦东的数据中心给太太文打电话。她在另一个外资公司担任信息技术部主管。"亲爱的，新年快乐！你们公司对千年虫的课题进行得还顺利吗？"我关切地询问她，当时我们信息技术部（IT）团队正在把公司那著名的千年虫问题从数据中心和系统里面清除掉，以确保工厂正常运行，我太太也在另一家公司彻夜加班"除虫"。那是唯一一个新年前夕的夜晚我们在不同的地方庆祝新年，而许多年轻的夫妻，聚集在广场上，一起庆祝 21 世纪即 2000 年的到来。

我不后悔成为一个 IT 专业人士，我观察到英特尔信息技术部有一些效率低下的现象：英特尔全球各个分公司，从硬件到软件以及解决问题的处理流程，有不一样的 IT 标准和设置，所以我开始把我的一些想法与信息部资深管理层（特别是亚太地区信息技术部管理层）讨论，因为英特尔有很多在亚太地区运行的分公司。也许对跨国公司来说，信息技术的标准化、全球化是一个正确的切入点（Prentice, 2008）。

在 20 世纪 90 年代后期，我们有上百个不一样的 IT 业务流

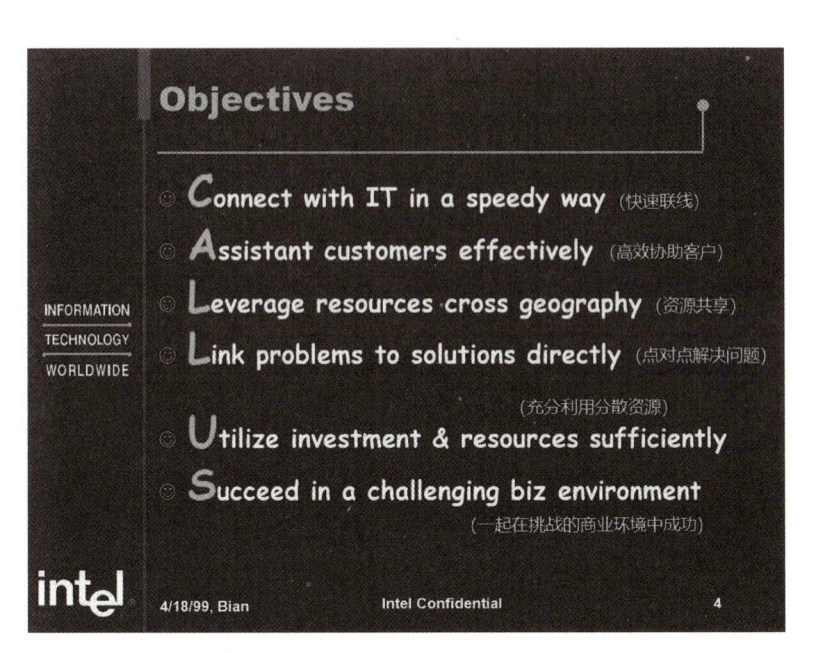

```
Objectives

Connect with IT in a speedy way (快速联线)
Assistant customers effectively (高效协助客户)
Leverage resources cross geography (资源共享)
Link problems to solutions directly (点对点解决问题)
                                    (充分利用分散资源)
Utilize investment & resources sufficiently
Succeed in a challenging biz environment
                           (一起在挑战的商业环境中成功)

INFORMATION TECHNOLOGY WORLDWIDE
intel    4/18/99, Bian    Intel Confidential    4
```

图9-1 "请打电话给我们"

程：从采购一个新的软件到申请一个新的PC或者服务器，如果一个工程师从马来西亚到中国出差，遇到与IT相关的问题时，因为两地流程设置不一样，本地团队需要花费相当多的时间来解决问题。从1998年下半年开始，英特尔的信息技术部往前迈了一步，亚太地区成立了地区信息技术部门（GAR IT），试图统一标准。我加入了GAR IT，领导一个小组做IT业务流程的标准化。经过一年的努力，我们把亚太地区各个分公司上百个IT业务流程整合为10个标准的IT业务流程，这些流程和设置在亚太地区的流程是一样的、标准化的，即在英特尔公司亚太地区我们提供了标准化的同质服务。其中最重要的就是技术支持中心，现在一般被称为"呼叫中心"或"技术支持中心"，呼叫中心提供了远程支持解决方案，因为亚太地区有标准化流程和设置，呼叫中心可以为不同地方提供同质的远程问题解决方案。3个有吸引力的因素让呼叫中心变得非常流行：有效成本控制；快速高效解决问题；任何时候任何地方都能得到同质服务。图9-1是我们当初启动IT地区标准化服务时的促销海报"请打电话给我们"。鼓励员工改变思维方式，尝试电话远程支持。

呼叫中心后来成为了一个非常受欢迎的业务模式，不仅仅是在IT工业，在别的领域也是，许多呼叫中心实现了真正意义上的全球化运作，被称为"日不落"服务，或者说24*7服务。一些国家从这些业务中获益匪浅，在亚洲地区首先获益的是马来西亚，然后是印度和美洲地区的哥斯达黎加（Costa Rica）。英特尔的IT呼叫中心（也被称作TAC），首先建在马来西亚，后来扩展到哥斯达黎加，由于印度有着语言和劳动力成本的比较竞争优势（CallMiner, 2019），后外包给印度。呼叫中心作为一种业务模式在不断地演化，许多公司也开始重新思考这些业务模式，因为它带来了别的挑战，而这些挑战也许抵消了当初呼叫中心带来的益处。

经过地区化、标准化努力后，特别是2000年后，英特尔IT开始整合全球分公司的IT功能，并建立技能中心模式（COC），而COC都放在距离业务较近的地方，比如，为支持封装测试（ATM）业务在亚洲有几个COC：生产执行系统技能中心、机器控制系统技能中心、流水线控制系统技能中心、决策支持系统技能中心，等等。在IT功能地区化、全球化过程中，随着互联网技术的快速发展而建立起来的COC或者HUB，一定程度上，是 IT 工业的指数级增长产生的"溢出效应"的选择。对于那些需要相当多的人工又是低技术含量的工作，外包到低成本的地方能产生最大的投资回报率。另外，IT 技术本身也变得越来越先进，所以"术业有专攻"，远程解决方案变得更加灵活和有效，慢慢地新的 COC 模式在各种业务中被大量采用，而不仅仅局限在 IT 工业界。

与呼叫中心类似，COC 模式有非常清晰的益处：一是精简资源模式，外资企业不需要在每一个地方聘用资深工程师来支持分散在各地的业务；二是有效的运作服务，外资企业可以利用"日不落"模型，做到 24*7 服务覆盖，而不需要让自己的工程师翻班倒支持工厂运作；三是标准化的流程和系统设置，外资企业能够简化操作运营和流程，得到最好的产出和效率。当然 COC 模式也隐含了一些副作用，比如很难维持一个有竞争力的员工团队。在这个资源精简模式中，员工意识到他们只在技术方面很狭窄的领域工作，职业发展前景很有局限，所以员工的流失率比较大，公司需要不断雇用、培训一定数量的、有资质的支持和服务人员。另外，在 COC 模式下，大型的外资企业面临官僚结构的挑战：官僚结构的负担或者说官僚结构的无效率。全球管理公司因为分散的地域、时差和语言，所以增加了很多地区管理的角色，即在组织架构中加入了中间层，或者也被叫作地区管理层，很大程度上，中间层并没有为公司创造价值，反而把公司的整个决策过程减慢了，这是我们观察到的现象（McQueen, 2016）。

我对全球化的观察

现在我想谈谈对互联网泡沫和全球化现象的理解，因为我觉得它们是互相关联的，一定程度上它们互相赋能、互相补充。

信息技术的发展产生了溢出效应。 20世纪90年代后期信息技术成指数级发展，由此滋养了大量的创新，以及依赖于互联网和信息技术的新业务、新商机。其中许多商业模式需要规模化（市场规模或者用户数量规模）来产生利润，因此这些业务很快从发达国家溢出到发展中国家，以充分利用发展中国家的人才和巨大市场优势。而中国在这个节点非常巧合地创建了很多的自由贸易区和高科技园区来吸引外商直接投资（FDI），筑巢引凤，所以"溢出"就很自然地落户到了中国，也就是说中国抓住了信息与通信技术发展带来的溢出机会大力发展经济，才有了今天中国经济腾飞的现象。

公司的组织架构必须进一步演化改进来支持这种溢出效应。 当公司的业务开始溢出到发展中国家时，当地从语言到技术标准、政策环境等都不一样了，外资企业必须重新考虑溢出业务的组织架构，以确保运营顺畅、富有效率和有可观的利润。一些传统的业务，特别是在消费品领域，常常采用这样一种组织架构：海外分支机构成立单独的盈利中心，而总部仅仅提供监管指导；但是许多高科技跨国公司，走向另外一种新的全球管理组织结构：即建立了许多垂直的功能组织部门，在公司总部和各个分支机构内采用全球标准化的流程、系统设置和汇报线。每一种组织架构都有优点和缺点，但是，全球化的确让高科技企业在互联网泡沫时代非常迅速地增长。

企业在本国增长有局限性，资本流驱动大型企业走向国际化、全球化。 在欧共体和美国这些发达国家，其经济增长遭遇了瓶颈，而随着信息技术的快速发展，企业生产效率得到大幅提升，各种新业务模式层出不穷，许多以本国和地区为基地的公司不满足于有限的增长，因为他们强烈地察觉到他们可以扩展渠道，把好产品卖到世界各地（Pettinger, 2019）（Collins, 2015）。同时资本也在寻求更多的投资赢利机会，很多发展中国家有大量的低成本劳动力，因此，"资本流"很自然地会带着许多公司走向全球化。从这个意义上说，全球化更多的是资本的选择而不是外资企业的战略选择。另外，上市公司必须确保公司财务的一致性、完整性，所以从总部控制的角度来说，全球管理组织架构让管理更容易。

中国市场，丰富的劳动力资源以及有吸引力的税收优惠，让外资资本流入，成为一个简单的选择。 20世纪80年代后期，中国在深圳特区开始实施门户开放政策，从80年代后期到90年代早期，产生了非常好的投资回报率，这让许多省份都非常急于做更多的开放以实现 GDP 的快速增长,所以政府建设了大量的基础设施,美其名曰"筑巢引凤",但那时候还不知道信息技术工业会爆发性地快速发展,所以这样的巧合给了中国一个独一无二的机会吸引外国资本快速流入。特别是当中央政府支持地方政府提供更多的税收优惠政策,而地方政府还提供了额外的优惠政策,比如说可以在很长一段时期内租用,或者免费使用土地。如果资本是追逐金钱,而企业的管理阶层更多的是考察是否有高素质的劳动力市场能够提供企业运营所需要的技能,这样业务运营就可以很顺畅。在二十世纪八九十年代,中国的高素质劳动力市场,从成本与素质、技能比较角度来说,正在进入一个甜蜜的蜜月期。我觉得即使在今天依然是这样,如果公司能够充分释放新生代的创新潜能,提高生产效率,中国市场的劳动力性价比依然非常高。

现在,当我往回看互联网泡沫时期,我看到自然的演绎以及人为的巧合同时发生了。信息技术的突破和创新带来了互联网用户和应用的指数级增长,这进一步导致各种商业业务的指数级增长,产生了全球范围内的从发达国家向发展中国家的溢出效应。

我以为互联网泡沫更多的是股票市场上的现象,那些互联网公司,过度推销它们的概念业务模式以及相关的利润前景,导致互联网泡沫,但是全球经济的增长效应,却是真实存在的。充足的资本扮演了加速器的角色,帮助公司和业务走向外包模式,最后导致全球化。如果资本是一潭水,那信息技术就是那些管道，让水流从高处往低处流。相应地，与别的发展中国家相比，中国恰巧已经做了更好的准备，接收来自发达国家的溢出外包：国家政策的鼓励，市场的接收度，以及低成本高素质的劳动力市场等都是中国的优势因素。也许有些经济学家会说中国在那个时候太幸运了。而我想说，他们没有理解到由信息技术引发的第三次工业革命的重大影响。经济学家的议论也许是对的，但历史已经是今天这样了。

所以，第三次工业革命中的信息技术发展引发了互联网的快速发展或者说产生了互联网泡沫，从而进一步加速了全球化的过程。中国在全球化的进程中，受益匪浅，有意识或无意识地做了很多工作来吸引资本的流入。事实上在全球化的过程中，资本是一只看不见的手，贪婪地追求投资回报，而在"求同存异"的文化建设和理念中追求增长，为全球化提供了一个缓冲，可以让全球化理念在世界各地软着陆。

10
重塑自己：挪威记忆

2019年8月,我带着家人,在挪威度过了两个星期的暑期假期。这不仅仅是一次简单的度假,而且是一次重温学生时代记忆的行程,我们带着孩子去看望挪威特隆姆索大学的老师们,而特隆姆索大学是我年轻时学习计算机科学并获得硕士学位的地方。事实上,在挪威特隆姆索大学的几年学习生涯,不仅仅是知识的学习,它对我的世界观和价值观也有很大的影响。

让人眷恋的校园时光

2019年8月11日，我们非常高兴地见到了两位外国学生顾问阿尼·玛丽（Ane Marie）和友仑（Jorunn），30年前她们是我的外国学生顾问。在特隆姆索山坡上阿尼·玛丽的别墅里，我们一边享用两位老师亲自做的挪威晚餐，一边回忆着20世纪90年代早期那些难忘的岁月。外国学生顾问是学校的老师，他们担任非挪威籍学生的顾问，帮助外国学生克服文化和地域差异，尽快融入挪威当地的学习生活。

"友仑，你还记得吗？当年我给你写了一封信，介绍了我老公（当时是男朋友），希望你在录取学生时考虑他。"晚宴上我太太坐在典型的挪威餐桌旁，与友仑聊道。

"是的，我记得，你说你在特隆赫姆大学读书，希望你的男朋友能够被我们学校录取。"友仑有着非常好的记忆力，她还记得30年前的事。她是我的第一个外国学生顾问，是一位非常好的老师，她有着温暖且多元包容的心。我记得我们班上一共有十名学生来自亚洲和非洲不同的国家，在我们开启正式的学位课程学习前需要先学习一年时间的挪威语。

在二十世纪八九十年代，挪威是那些为发展中国家学生提供援助留学计划的很少的几个欧洲国家之一。这个援助发展中国家学生留学的计划是指从发展中国家招收学生，让他们在挪威接受高等教育并返回自己的国家服务。该计划旨在帮助发展中国家培养人才并传播挪威文化。我太太和我都是以这个项目开始我们的计算机硕士学位学习的。但在晚宴上，外国学生顾问告诉我们，这个项目的初衷是为发展中国家培养青年人才并传播挪威文化，但事实往往与愿望不符，很遗憾的是大多数学生拿到学位后都留在挪威了，像我和太太那样返回祖国的人很少，所以这个项目没有达到预设的目的。

"卞很厉害啊，他在雪地里骑自行车去上学，但很不安全。"安的话让我回忆起那些日子，为了省钱省时间我在雪地里骑车上学。

"是呀，我非常厉害，你知道我要省钱省时间呀。"我微笑着回答，一点不后悔。

在20世纪90年代，上海一个大学毕业生的月工资只有不到100美元，1991年我在一家中英合资企业工作，任翻班经理，我一个月的工资差不多是300美元，这在当时是非常高的薪水了。

"上学来回坐巴士要花掉我半天的薪水，当然舍不得。"我附和道，这又勾起了我对往事的回忆。

这样的对话让我非常想念那段时光，因为那是第一次，让我有了一个机会，让我看到、理解到不一样的世界，特别是在北欧国家挪威，大多数的老百姓都非常真诚、真心地帮助我，这在一定程度上让我意识到包容的力量。我们班上有10名同学来自不同的国家，我不记得在班上讨论的时候，我们会因为肤色不同而歧视对方。我们每一个人都努力地试图去帮助别人，当然也有令人困惑的地方，比如有时候由于我们没法准确地交流，或者由于地域文化不同，有些行为举止在别人看来有些怪异，但是我们的确很快乐，大家真诚地相处。非常感谢外国学生顾问让我们在北极圈里的挪威北部小镇感到无比的温暖，而这个小镇叫特隆姆索，现在的它吸引了许多追逐美丽北极光的游客。

"友仑，你还记得我们在特隆姆索的第一份暑期工作吗？"我想测试一下老师的记忆力。

"当然记得，我非常努力地让每一个外国学生在假期都有一份暑期工作，你是来我们的社区工作，而你的工作是割草，是吧？我记得你跟我说过这是你最好的暑期工作。"友仑笑着说。是的，在1992年夏天，我做了一份割草的夏季工作，这是一次非常独特的经历。我尝试用不一样的割草设备——修剪机、自动割草机、割草车等来修剪社区的草坪。特隆姆索的夏天非常美，人们喜欢在社区的草坪上聚集在一起，或者烧烤，或者仅仅是躺着享受日光浴，看看书。而我就在阳光下，在草坪上走来走去地除草，时不时与当地人交谈一下，以练习我的挪威语。这真是一个美妙的暑假，那个时候我没有感到任何的被歧视或

图 10-1　1992 年，我的挪威语同班同学，与安、友仑的合影

者不受欢迎，而那是在 20 世纪 90 年代早期，人们还根本没有把包容和多元文化挂在嘴边。

"安、友仑，非常感谢你们！"离别的时候，我们一遍遍地拥抱。

"多回来看看我们，不要再等 23 年哦。"友仑激动地说道。

"如果你们来中国旅游，一定要事先通知我们，我们会带你们去看看约 1400 万人口的城市——成都。"我不断地重复回答道。

开车回宾馆的路上，我感到耳边依然回荡着我家孩子刚刚弹奏的钢琴曲。安的客厅里的钢琴已经有 150 年的历史了，孩子看着喜欢，便在老师们的鼓励下欣然上去弹奏了一曲。在我们年轻时读书的小城，孩子在老师家有着历史感的钢琴上弹奏，我们和老师一起聆听欣赏，现在想起这个画面我的心还是暖暖的。我们真高兴，这么多年以后我们"长途跋涉"回去看望老师，我们知道，真诚的感恩和尊敬是人类友好的最基本元素。

2019年8月12日，我们去特隆姆索大学校园，去寻找记忆中那些熟悉的建筑，但是，我们仍然花了不少时间，问了几位路人才找到计算机系。那是我们曾经学习、工作了几年的地方，在那里，我完成了硕士学位的学习，我太太也在那里完成了博士学业。我们都对人工智能感兴趣，是同一个导师，即冈纳·哈特维森（Gunnar Hartvigsen），那时候他刚升为教授，有一些跟"分布式人工智能"相关的课题，有一个课题是"虚拟秘书"（Bian, Cao, & Hartvigsen, 1997）——创建智能的软件代理人，模拟人类秘书的工作以提高工作效率，多个虚拟秘书会在一个虚拟的组织架构和环境中协同合作，去完成一些比较复杂的任务。从今天的人工智能技术看这是一个很简单的事情，但是在20世纪90年代机器学习还非常落后，也没有足够的计算能力，即使是一个非常简单的，以算法为基础的专家系统都要花很长时间去做推理演绎，所以读完硕士学位后，我毅然选择加入了工业界，而没有继续在大学里做人工智能研究。

在大学计算机系进门大堂，我们终于与导师冈纳·哈特维森见面了，大家都很兴奋。我们一起共享了午餐时光，叙旧聊天，导师还给我们介绍了学校的近况。吃过简单的午餐后，我本来想邀请导师一起欢度快乐的啤酒时光，叙旧并交谈最近人工智能发展的一些动态，但是导师更有兴趣分享他的研究工作，特别是他最近在做的帮助糖尿病人的一个智能课题（Hartvigsen, 2020）。

"去我的办公室吧，我想给你们讲讲在过去几年中我们做的所有课题。"导师坚持道。

太太和我会心一笑，导师没有变化，我们知道，听他分享他的工作会让他非常开心，但是我们没有想到，我们会在他的办公室一坐就是4个多小时，听他跟我们分享过去10年他以及他带的博士生研究的所有课题，有些课题的确很有趣（Hartvigsen, 2020），很多想法有吸引力。从内心讲，我们非常敬仰导师做学问的态度：专注、坚持、谦虚。跟了导师几年，导师对学生的热忱帮助和专注学问的态度，也潜移默化地影响了我们。

"再见，特隆姆索大学，再见，冈纳·哈特维森！"

两个小故事的领悟

晚上 6 点多，我们离开学校的时候外面还是大太阳，因为特隆姆索地处北极圈内，在夏天有极昼（也称午夜太阳）景色。

晚饭前我们在小城市中心漫步，许多曾经的记忆都回来了。渔人码头、市中心广场、教堂、城里的街道，都没有太大的变化。

"卞，你想不想去看一下那家你打工的中餐馆还在吗？"我太太提议道。

饭店名叫"金爵楼"，在市中心教堂的旁边。记得在挪威第一年学习挪威语时的周末我就到饭店打工洗碗，后来有空的时候帮助厨师。一年后我的挪威语课程结束了，可以用挪威语与人交流了，周末我就在饭店做服务员，餐馆经营广东特色菜系，是一家从中国香港来挪威的老夫妻经营的家族企业，后来他们的女儿，康妮（Connie）和她的弟弟们一起负责餐馆的经营，而他们和我年龄相仿。

1992 年，我来到挪威第一年，必须学习挪威语，为大学硕士学习做准备，在挪威的大学课程里，老师是用挪威语上课的，当然大多数书籍是英文的。当时我想挣更多的零花钱跟我的女朋友一起坐火车去欧洲旅游（那时候欧洲有一种特殊的学生火车旅游计划，坐火车在欧洲大多数国家随意游，价格很便宜），所以我去中餐馆寻找兼职工作，那个年代许多海外中国留学生都是这么做的。令我惊奇的是，我不仅得到了工作，而且薪水是当地兼职洗碗工的标准工资，跟当地挪威人一样。我记得一个小时约60挪威克朗（当时大约相当于70元人民币）。那时候我是一个穷学生，在饭店打工挣的钱对我来说是一笔很大的外快。周末是饭店最忙碌的时候，我很努力地工作，记得一开始有3个洗碗工，一个很大的洗碗机，饭店生意很好，我们3个忙得不可开交，后来我把3个人的工作分工了，并优化了流程，这样我们就有些时间可以休息了，并且变成了总是我们等餐具进来，而不是像以前那样服务员把餐具堆在洗碗池边堆得乱七八糟。老板康妮意识到我们提高了工作效率，就减少了一个洗碗工，后来又减少一个洗碗工，几个月后的周末晚上就剩下我一个洗碗工了。不忙的时候我还会去给厨师帮忙，所以我会做一些简单的中餐和西餐。对我来说，这是一件很简单的流程改进，从而提高工作效率的事情，从我现在的角度，一个高科技公司高产能企业的管理者的角度来说，这是小事一桩，但在当时，在一个外国地方，一个学生弄出来一些流程优化和改进，还是蛮了不起的。我觉得自己不断改进流程提高工作效率的动力，来自我被公平地对待，饭店非常公正地对待我，付给我的工资和付给当地挪威人的工资一样（许多别的饭店不是这样的，中国人工资很低），所以我也很用心地工作，尽我所能地帮助餐馆。

不出所料，当我们转过主街，在教堂旁边，我们看到了那个熟悉的"金爵楼"标记以及进口处绿色的门檐，于是我们走进餐馆。"阿刚"，一名中年妇女走出来看到我后，马上叫了我在餐馆用的小名。30年了！恍惚又回到了昨天。

她就是老板康妮，她还在运营这家餐馆，餐馆至今已经是30多年的老字号了。我们走到后面的厨房，跟每一个我们认识的人打招呼、交谈，令人惊讶的是，大多数人都在，加上他们的第二代，也在餐馆工作。是的，事实上这是小城里一个家族企业运营的缩影，我们在餐馆坐了一会儿，边喝咖啡边聊天叙旧。金爵楼，一个令人惊叹的餐馆。

在回宾馆的路上，我太太和我一起聊了很多感想：不管你做什么业务，公平公正地对待每一位员工，正直诚信地运营业务，这是让企业长盛不衰很重要的两个因素。"金爵楼"餐馆已经是一个有着30多年老字号的餐馆了，听说当地人都很喜欢它，我相信它会在那里持续运营很多年，并希望我们能够再次拜访它。在管理上人们有时候会困惑，公平公正地对待每一个人和提高生产效率，在有限的时间内尽量让工人干更多的活，我觉得在洗碗工的例子里已经说明了它们的差异，更多的关于"金爵楼"的故事我会在以后关于管理者精髓的故事中分享。

在离开特隆姆索之前，我们又去看了以前我住过的3个学生村。我们带着儿子，在牧师湖（Prestvannet）湖边走了一圈，追忆着曾经的"青春韶华"。我和太太在学生村圣徒湖住了好几年，夏天的时候我们经常一起去看午夜太阳，下雨后一起去采蘑菇，我太太做的蘑菇鱼汤（用挪威最盛产的 Torsk[1] 鱼做），是我大学生涯记忆里最美味的汤。我们沿着湖边逛边聊，并深切地意识到，在挪威北部小城特隆姆索的留学生活，一定程度上提升了我们的世界观和价值观，并且有些特性已经融入到我们的血液里，也影响着我作为一个职业管理人的性格。而这些特性包括尊重，包容，谦虚，不讲究级别，平易近人。

在结束这个章节前，还有一件事要交代，即我们的欧洲旅游计划。前面谈到过，我兼职去饭店打工挣零花钱的一个动力就是想带着女朋友一起去欧洲坐火车旅游。1993 年夏天，文和我实现了两个月欧洲火车旅游计划（Inter-rail Trip），我们共走了近 10 个国家，约 35 座城市，那场旅行大大地开阔了我们对世界的感知和认识，特别是对欧洲的文化和历史有了更深一层的了解。旅行回来后，在寒假，文和我写了一个长篇文章——《背囊地图走欧洲》，发表在 1995 年的《四海》杂志上（曹文，卞成刚，1995）。现在回想起来，我们还有一个非常有趣的独一无二的体验。20 世纪 90 年代，中国护照持有者进入每一个欧洲国家，都需要申请该国的签证，那时候"申根签证"只覆盖非常少的国家，欧盟在 1993 年底才刚开始形成，我们计划去德国、荷兰、

---

1 挪威盛产的一种鱼，类似鳕鱼。

图 10-2　1993 年欧洲游时一些国家的签证图片

比利时、瑞士、英国、法国、捷克、奥地利、丹麦、瑞典，这就意味着我们需要拿到 10 个欧洲国家的签证，也许需要花几个月的时间去申请签证，许多人可能想想就放弃了，但是我设定了一个疯狂的目标：一个月拿到所有签证。我女朋友放假坐飞机飞到我读书的城市我们才能着手申请签证，所以我们必须在 1 个月左右拿到所有的签证，然后我们旅游两个月，因为我们的假期大概是 3 个多月。因为我们在挪威读书，拿着学生签证，要去欧洲游玩，申请签证一般很快，1—3 天就可以获批，但是 10 个国家要一个一个地申请，时间紧迫，文和我分工合作，她负责把所有国家的签证需求弄明白，并填好所有签证申请信，我负责设计了一个"串行"的流程，并且告诉每一位签证官我们这个流程：我们让签证官签完我们的签证后，不需要把护照寄回给我们，而是直接寄给下一个大使馆，我们精准预估时间，当大使馆收到从前一个大使馆寄来的我们的护照时，我们的申请签证信以及寄去下一个大使馆的贴着邮票的信封也会如期而至寄到这个大使馆。我记得在我们投递的第一个大使馆（在奥斯陆的英国大使馆）签证多花了几天时间，因为他们要了解我们的想法和邮寄流程，而后面的几个大使馆"按图索骥"都很顺利，每一个大使馆都跟着我们的流程完成签证后，把挂号信寄给下一个大使馆，最终 4 个星期后，我们收到了盖有 10 个签证的护照，然后开始了我们梦想的欧洲游旅程。

现在回顾这段经历，我真诚地发自内心感谢 1993 年这些大使馆（德国、荷兰、比利时、瑞士、英国、法国、捷克、奥地利、丹麦、瑞典）的签证官员，因为包容的态度，他们认真地读了我们的申请信，每一个人都真诚地帮助我们把护照邮寄到下一个大使馆，最后帮助我们实现了欧洲游的梦想。事实上，由于这段美好的回忆，在过去 15 年里，我们几次暑期带着孩子去欧洲旅游，为欧洲旅游业做了不少贡献，在疫情后，我们还想着去欧洲旅游呢。另一方面，这些签证官也许对这种"大使馆串行的签证流程"有些好奇，但正因为他们有着自然的"求同存异"思想，愿意认真读我们的申请信，包容我们"串行签证"的想法才帮助我们实现了一个月获得 10 个签证的愿望，这也是我愿意把我们的故事分享给大家的一个原因。你会发现大多数人是善良的、真诚的，无论是历史文化的差异，还是宗教政治的差异，我祝愿人类能够实现我们共同的梦想：和平、健康和富裕。

在结束这章时我想说，挪威的经历对我作为一个人，或者后来我作为一名职业管理者，都有深刻的影响。在这里，我学会了尊重包容，谦虚待人，坚持不懈地努力，不看重级别，公平公正地对待每一个人以及要有一颗平常心。2019年我们重回挪威，温故而知新挪威那些带给我们的特性，会让我成为更好的自己，更好的领导。

感谢挪威，特别是特隆姆索。

再见挪威，再见特隆姆索。

【后记】
成都·都成

当我与考拉看看讨论本书时，我意识到在书中我还没有详尽阐述"成都·都成"这个朗朗上口的标语的文化内涵，它是我们10多年来不断努力实现"求同存异"的综合呈现，是中西文化元素完美融合并产生卓越绩效的最好体现。

"成都·都成"口号诞生于2004年英特尔成都公司启动期间，在一次公司管理团队年度战略规划会议上，谈到需要一个鼓舞士气的口号，以激励年轻的Y代员工。这些年轻的新生代刚刚走进高科技外资公司，对公司"以结果和业绩为导向"的企业文化感到困惑。在讨论中，一位本地经理试着用城市名称"成都"，结合另一个中文词语"都成"，组成一个简短口号。"都成"的含义是"一切都可能实现"，加上两个汉字的镜像效果，给员工一种视觉冲击并很容易理解牢记。团队很快拿出了英文翻译——"成都能做到"，这个口号虽然简单，但却很有感召力。附图1-1是我们完整的口号的视觉效果。

你可能已经意识到，"成都·都成"口号本身就是"求同存

附图 1-1　口号 "成都·都成" 4.0

异"的完美呈现，其中隐含着对美好和差异的尊重。由于其深刻的包容性和号召力，"成都·都成"口号被成都市采纳，作为成都这座城市的名片，并在 2013 年成都举办的全球财富论坛上闪亮登场作为特别的城市推广元素。

"成都·都成"的内涵是什么？

我想说，英特尔"成都·都成"的精神内涵已经经历了几个阶段的演变。在初始阶段 2004—2008 年期间，我们称它为"成都·都成"1.0 版本，它只是意味着"把事情做好"，或者在某种程度上强调"按照你承诺的做，汇报你已经做好的"。"成都·都成"1.0 版本在公司初创期，旨在培养员工的专业精神和执行能力，它起到了很好的作用，在员工心中播下了"专业素养"的种子，直到今天，我们还在继续丰富它。

接着我们进入"成都·都成"2.0 版本阶段（2009—2012年），我们意识到，仅仅把事情做好还远远不够优秀，我们必须超越已经取得的成绩，勇敢挑战现状，承担更多风险，"完成不可能完成的任务"。我们实践"可行性思维"，成功把不可能转化为可能。经历了"成都·都成"2.0 版本阶段后，我们的团队有更强的竞争力和自信心了，并且在 2012 年首次赢得了最负盛名的英特尔质量金奖，本书中第三、第四、第五、第六章叙述的许多故事，都是"成都·都成"2.0 版本的具体呈现：敢于承担风险，并挑战不可能。

从 2013 年起，我们又一次面临公司转型的挑战：从初创公司的追求启动和大规模量产，转变为倡导可持续性发展的卓越公司运营，这意味着我们需要从不断增加的生产成本压力和技术复杂性中生存下来。那时候我们的经理和工程师队伍已经成熟了很多，但是他们还是犹豫不决，不敢迈出更大步伐去引领并为公司带来更好的绩效。所以在 2013—2017 年间，我们进入"成都·都成"3.0 版本阶段，把"成都·都成"口号进一步拓展："成都能做，成都能想，成都能影响，成都能引领。"这次文化内涵的升级带来了突破性的生产力提升和生产效率的提高，并在 2018 年第二次荣获全球英特尔质量金奖。本书第三章分享了这方面的精彩故事。

虽然我们标记"成都·都成"4.0 版本是在 2018 年我们第二次获得英特尔质量金奖之后，它标志着新的高度，新的起点。其实，"成都·都成"第四阶段的蓝图浮现在我的脑海中要早于 2018 年。从 2017 年开始，公司已经面临许多新的挑战：在第四章我们讨论了员工从 Y 代到 Z 代的过渡，以及 Z 代的独特特征促使我们在工作场所实施新一轮改革以适应 Z 代需求；其次，随着技术的快速发展，如果我们要保持和提高可持续竞争力，就必须拥有快速创新的能力，加强对大数据分析技能以及人工智能解决方案的思考；另外，员工对包容性理念的理解也发生了根本性转变：尊重不同的观点和声音，信任员工，提供灵活性工作场所政策，等等。所以"成都·都成"4.0版本正在"重生"，在我们已有的文化元素中加入了更多的内涵：多样性、包容性、信任性、人工智能、创新性和灵活性。当我们在谈论这些时，我们的旅程还在继续，会有更多的文化内涵融入"成都·都成"，我只能在后续的书里继续探讨。

附图1-2　篆刻版"成都·都成"

现在该为我的书画上句号了，"成都·都成"是书中许多故事的关键文化元素之一，它在我们不断追寻"求同存异"的旅程里逐步升级丰富，也让公司获得了卓越运营和惊人的商业业绩。

谢谢。

卞成刚

二〇二一年六月六日

【译后记】

卞哥利用周末时间写这本书，仅仅用了5个多月时间，简直是一气呵成。我猜想，所有经历过的故事，早已在他的脑海中刻录存储了，现在只是把它复制下来而已。作为一名译者，我却花了近6个月的时间来翻译，心中不断地琢磨思考。这不仅仅是一个翻译的过程，也是一个学习、交流、思索、提升，让我的思想更上一层楼的历程。

本书叙述故事的方式非常新颖，以第一人称角度讲解了跨国大企业英特尔在中国这片文化沃土中"求同存异"、生根发芽、茁壮成长的旅程。从1997年英特尔浦东第一个只有3000平方米的闪存工厂"试验田"，发展到如今英特尔成都大型企业，英特尔成都成为英特尔全球最好的工厂之一，两次获得英特尔全球质量金奖（英特尔内部最高荣誉奖）。本书情节描述真实生动，令我感慨万分，它不是从一个成功者角度去分享，而是直面现实，既有成功的喜悦，也有失败的总结，而更多的是对成长的领悟和思索。

这本书讲述了外资企业在中国的故事，它是中西方文化融会贯通、互相尊重的呈现。令我印象最深刻的是贯穿始终的"以人为本，求同存异"的管理理念。

- 当面对突发的新冠肺炎疫情危机时，公司首先考虑的是人，"对公司自己的员工和供应商员工一视同仁，使用统一管理保护标准"。轻轻一句话，温暖了许多人的心，也激励了他们努力工作，于是才有了这一份沉甸甸的"2020年第一季度生产目标达到4%的增长"绩效。

- 当英特尔浦东公司面临关闭的现实时，本地管理团队提出了"完美谢幕"的口号，这是一种深沉的对员工的尊重和保护，给员工选择权，让员工根据自己的规划选择离开时间，于是员工们认真站好了最后一班岗，带着自豪和"完美谢幕"的心态走进新的公司，这份心态决定了员工在新公司的起点，他们带着自豪去追逐更绚丽的事业。与此同时，即使在关厂的最后阶段，英特尔浦东还是完成了既定的产量，"完美谢幕"成为英特尔浦东的一个传奇。这就是对"求同存异"理念最具体的实践。

- 当英特尔成都工厂出现停产事件后，管理团队开始反思，首先考虑的是员工，员工的薪资合理吗？一线管理者的管理能力足够吗？工厂主力军已经是Y代员工了，我们理解他们吗？由此引出了代际研究，这又是一次对"求同存异"理念很好的诠释。在一个由多代人组成的公司团队中，尊重代际差异，改革管理实践，求同存异，实现"让员工快乐工作"并"取得骄人业绩"。

在这本书中我们看到了高科技公司残酷的竞争现实。高科技产业的护城河不宽，"技术必须不断更新，在2—3年的生命周期中，技术只有不断地进阶，或者跌下领先地位，没有一个可以长时间维持的中间状态"，所以作为一个高科技行业的领导者，需要有前瞻性战略眼光，拥抱变化，在技术的蓝海中奋力搏击。同时本书中许多地方谈到了领导者需要的责任和担当，领导力最体现在危机发生时，给大家信心，在危难关头带领大家冲锋陷阵，赢得胜利。在疫情发展初期，面对太多的未知和不确定性，员工心里有一种本能的害怕和恐慌，于是有了元宵佳节的那份信，给员工战胜困难的信心和力量；当上海的工厂面临关闭命运时，领导者提出了"让我们带着自豪离开"的口号，最终团队圆满完成生产任务并带着自信离开；8·18停产事件发生后，卞哥带领英特尔成都团队一步一个脚印从别人眼中"水面以下"恢复并一路走到最高荣誉层面，使英特尔成都荣获英特尔全球质量金奖。

本书从各个角度阐述了"求同存异"的文化理念，它不仅具有很强的现实意义，面向未来，我们更加需要"求同存异"的思考和实践。今天的世界已经在沿着智能社会的发展轨迹飞速前行。未来已来，我们可以窥见未来的点点滴滴：

- 未来世界是一个互通的地球村，人们拥有更丰富的选择，更多元的文化，许多的休闲自由时间，眼花缭乱的个性追求，如何在这样一个多元化生态环境下协同合作？本书中许多经典案例呈现了中西方文化元素的互通互融，英特尔总部与英特尔成都公司互相信任、求同存异的实践。在这个多元文化环境中，人类只有思想开放，接受和尊重彼此的文化和信仰，求同存异，才能互赢共享，共同打造人类命运共同体。

● 未来是一个人工智能的时代，那些程式化的，通过长期的训练和记忆才能掌握的技能，一定会被机器取代。未来的世界，不仅是人与人之间竞争，更是人与机器的竞争，如何用发展的眼光去看待人与机器的竞技、求同存异，与智能时代的机器和谐共舞，充分发挥人类的优势（有思想、能创新、敢决策），本书中反复倡导的作为一个领导者需要的决策能力，以及反复强调的高科技行业必须拥抱变化，推动鼓励创新精神，这些都是人类胜出机器的优势，对于我们在未来人工智能时代更好地生活或许有些启示意义。

● 未来是一个"人才至上"的智能时代。曾经我们生活在零和博弈思维的时代，抢夺资源；未来，我们生活在智能时代，争抢人才；如果我们能够拥抱求同存异的发展理念，尊重差异，理解年轻人的代际需求多样性，充分激发创新的活力和敢于挑战的精神，我们一定会拥有一个更美好的未来。英特尔成都在中国的发展壮大，从"低劳动力成本优势"转化为"市场的优势以及高素质具有创新意识的人才优势"，很好地诠释了"以人为本，求同存异"的重要性。

未来的世界属于我们的新生代，属于具有国际视野、求同存异理念和创新思维，敢想敢干的年轻一代。

曹文

二〇二一年五月二十日

【附录 1】
我们会坚持到分享故事的那一天

卞哥来信：

我们会坚持到分享我们故事的那一天[1]！

亲爱的成都同人们，

我知道，除了战胜新型冠状病毒肺炎的那些好消息，我们对其他新闻意兴阑珊，对此，我百分之百同意。这次我们可是为成都、中国、全球乃至全人类而战斗。

我想自豪地分享迄今为止，我们竭尽所能为保护每一位为支持业务持续运营的同人所做的努力，以慰我们每个人都能保持冷静和专注地去支持依赖于我们数据解决方案的世界，现在最典型的例子是，在家远程办公的基础设施和解决方案，从边缘到网络到数据中心，每一部分都与英特尔息息相关；我们的

---

[1] 这篇文章出自"卞哥来信"系列，于 2020 年 2 月 8 日在中国新冠肺炎疫情期间的元宵节当天发布。

客户正在购买更多的产品，使数亿人能够远程工作，帮助人类从新型冠状病毒肺炎疫情的严峻挑战中生存下来。我相信我们都会挺过去，因为此刻，我们比任何时候都更团结、更努力。

我们始终把保护同人放在第一要位，保护每一位支持运营的工作人员。早在1月21日，我们就启动了新型冠状病毒肺炎疫情防控特别工作组，实施严防举措，包括发放口罩和防疫宣传，虽然会有人认为我们稍显反应过度。1月23日，我们把特别工作组调整成紧急响应预备中心（pre-EOC）模式，开始摸排并密切关注与湖北尤其是与武汉"有关联"的人员，劝说他们春节假期不要返乡，也警示那些有旅行计划的人注意防护。1月26日，我们决定暂停聚集类活动，如团队建设、志愿服务计划和大中型团队会议；并只允许有关键业务需求的访客来访，同时大幅增加园区内所有公共区域的消毒频次。1月28日，我们要求通勤人员佩戴口罩坐班车，在餐厅实行"分时分批减密就餐"以降低风险。1月30日，我们正式启动紧急响应中心（EOC），更多相关人员参与进来了。我们也加快了决策速度来更好地保护我们的同人。2月3日，我们启动了特殊运营模式，只有不到一半的办公室人员到岗支持生产线的运营，其余人员则留在家中远程工作，这样既能更好地保护到岗人员，又能保证人员较低密度地办公以继续支持我们的业务……时间飞逝，在大家的通力合作下顺利度过了第六周，我为大家始终保持积极的态度、集中精力完成重要工作而感到骄傲和自豪，无关紧要的话来日再说。

今天是 2 月 8 日，一个平如往常的星期六，也是中国传统的元宵佳节，是史上第一次大家都留守家中为人类祈祷和祝福的元宵节。我非常想把我的这些想法分享给各位，我相信我们必将挺过这些日子，去讲述我们今天的遭遇，但我也觉得新型冠状病毒肺炎疫情或许会比我们所期望的结束时间更长些，因为大家都知道疫情的拐点尚未出现。因此，我建议大家谨慎小心，采取一切可行的预防措施，保护自己和家人的健康，也要充分保证休息，尝试合理的运动（如果可行）以提高自身的免疫力保持身体强健，如果你感觉到身体不适，可以暂时不上班，并向医务室和直属经理报告。众所周知，"成都·都成"使我们走出了 2008 年大地震的困难岁月，我相信我们"成都·都成"也正在"脱胎换骨"，我们必将从这次威胁全人类的新型冠状病毒肺炎疫情中挺过来。

让我们变得坚强、正能量和专注；我们都会挺过去，去讲述我们今天所遇到的故事。

感谢大家，下周线上线下见！祝大家元宵节快乐！

【附录2】
英特尔总部官网对作者的采访

从疫情暴发到"双零",英特尔成都公司总经理卞成刚如何在新冠肺炎疫情肆虐期间让成都工厂安全运营[1]。

作为英特尔制造和运营部副总裁兼英特尔成都公司总经理,从2020年初起,卞成刚及其团队一直战斗在抗击新冠肺炎疫情的前沿。在2月8日给公司全体员工的信中,卞写道:"'成都·都成'的精神帮助我们渡过了2008年地震的艰难时期,我相信我们的'成都·都成'精神也一定会助力我们从这次威胁人类的新冠肺炎疫情中生存下来,浴火重生。"

在这个采访中你会了解到在"以人为本"的理念指导下,卞和他的团队重视保护每一个人员的安全;"一个英特尔"的合作精神帮助英特尔成都在全球采购稀缺的口罩,以确保英特尔成都的生产持续运行;即使在疫情肆虐期间,英特尔成都仍然

---

1 本文于2020年5月20日发表在英特尔全球内部网站,来自英特尔人力资源交流部门对卞的采访。

取得了令人印象深刻的绩效。

问：卞，你在什么时候，如何第一次意识到新型冠状病毒肺炎的威胁？你采取的第一个行动是什么？

今年因为生产任务紧，与往年不同，工厂在中国农历新年期间仍然在运营。春节是中国最盛大的节日，就像西方国家的圣诞节一样。但是因为工作需要，大约有70%的公司人员留在成都加班，但大约有800名员工将回家欢度春节。我们的员工来自全国各地，当然也有些员工来自武汉市和湖北省其他地方。

在春节放假前一周，我们得知武汉发生了新型冠状病毒传染病，当时，武汉并没有封城。我们很快确立了应对挑战的原则：保护人员安全最重要，我们给公司人员（包括蓝牌公司员工和供应商员工）分发口罩，让他们在回家旅行时使用。我们还开始追踪我们人员的旅行目的地。当我们看到一些员工要去湖北省，尤其是武汉旅行时，我们建议他们取消旅行。有些人员听了规劝取消了旅行，但有些人员还是去旅行了。

然后，在2020年除夕夜前一天，中国政府宣布武汉封城。我们意识到事态的严重性，每个人都开始害怕，至少在我的有生之年，中国从未经历过这样的危机，要封闭一座上千万人口的城市。一切都发生得太快了，几天之内，每个人都停止了旅行，每个人都待在家里。这个14亿人口的国家，在中国最繁忙的春节旅游假期，人员突然停止了流动。

2020年2月2日，我和我的家人从上海返回成都。机场几乎空无一人。我们谈论的是上海浦东国际机场，这个世界上最大的机场之一。我们坐在国航的休息室里，那里可以容纳二三百人，但那天却只有五个人，包括我们一家三口。当我把这个场景告诉我在俄勒冈州的同事时，他立刻明白了中国抗疫形势的严峻性。

问：体验疫情在中国的最初暴发，并与世界各地的人们一起工作，你感觉怎么样？

一开始，我会与美国同行和我们的总部管理层分享一些在中国的小故事，比如前面谈到的我们的机场体验，以强调中国正在发生严重的疫情传染事件。我还请求不参加2020年2月的英特尔全球高管会议，这样我就可以和我们的人员一起在成都抗击疫情，我们可以更专心地管理正在出现的危机，在保护我们的人员安全的同时确保生产正常运行。

我们面临的最大挑战是如何确保工厂安全运行。在疫情最严重期间，政府要求关闭一切生产经营活动，只保留那些最基本的基础设施的供应，比如确保电力和水的供应。我们说服政府官员让我们继续生产运营，因为英特尔的产品是关键基础设施的一部分，支持着全球数据流动和通信。

我们还展示了我们采取的所有必要的防疫措施。成都疾控中心和政府都来过公司视察，并非常关心我们，他们看到我们采取了最高标准的保护，才放心让我们公司不停产，从而持续运营。

问：你们采取了哪些预防措施？

我们要求员工在公司佩戴口罩，特别是在厂车上，这个要求早于本地疾病预防控制中心强制实施佩戴口罩的命令。对于每个来到园区的人，我们给他们测体温，追踪他们的旅行记录，并检查他们是否去过风险地区或与来自高风险地区的人有过密切接触。

我们立即实行社交距离政策，尽管在疫情早期没有"社交距离"一词。当时我们称之为"低密度人群"或"安全距离"。我们将餐厅的座位从 800 个减少到 200 个，并增加了园区内所有公共区域的消毒频率。

问：工厂还采取了其他安全措施吗？

我们的工厂已经有很多安全规定了。我们很快要求工作人员佩戴口罩，并保持社交距离。在早期，中国的口罩非常短缺，我要感谢英特尔，作为一家全球性公司，在全球帮助我们采购口罩。

我在总部紧急运营中心（CEOC）会议上的第一个要求是，"请给我们口罩，给我们口罩"。大连和上海的英特尔团队也做了同样的事。总部运营服务部和全球供应链团队从世界各地采购口罩，并将它们成功运到中国。所以感谢他们，因为他们的不懈努力，使得我们有足够的口罩供应给工作人员，确保我们在疫情最严重期间可以不停工停产。我们每天分发给员工两个口罩，这无意中给了员工很大的吸引力，并受到员工的赞赏，因为那时候中国市场上已经买不到任何口罩了。

问：在疫情严重期间，你们是如何与员工沟通的？

我们意识到，我们需要尽最大努力与每一个人保持沟通，所以我们不能通过常规的电子邮件方式交流，因为70%的工厂技术人员不会查看电子邮件。取而代之，我们使用微信——英特尔成都公司的企业账号作为主要的通信交流工具，尽管它的建立最初是为了公司宣传和休闲娱乐信息的交流，而不是官方信息沟通。

当然这样做有一些风险，但是我们觉得通过透明的沟通保护我们的工作人员更重要。令我吃惊的是，微信的信息通信覆盖到了所有人——大约4000人（2400名自己公司的员工和1600名供应商员工）。我们创建了透明的信息交流机制，共享真实数据，例如有多少人被困在湖北（尤其是武汉），有多少人被隔离，以及详细介绍公司采取的所有预防措施。

我们交流自己员工的感人故事，比如处理器（CPU）工厂员工加班加点赶制一款旧型号处理器为呼吸机生产厂商使用。这些故事体现了英特尔高科技公司的价值观，并把我们紧紧地连接在一起抗击新冠肺炎疫情。员工们感觉非常自豪，他们在英特尔的工作可以直接支持抗疫前线。

问：从员工保护措施到公开透明交流，你们的"以人为本"指导方针如何影响这些举措？

2020年4月28日，我们宣布"双零"。我们太高兴了，这意味着我们没有任何人滞留在武汉市或者湖北省——中国这场危机的"震中"——我们没有人被隔离，也没有人被感染。在2月和3月最糟糕的几周里，在疫情的最高峰时，我们有194人被困或者被隔离在湖北省（或武汉市），现在每个人都安全了，每个人都回来工作了。

我们感到非常自豪，我们全产能开足马力生产，没有降低任何生产目标，完成了第一季度的生产任务。事实上，我们超额完成了生产目标（104%）。

问：对于员工来说，回到办公室的过渡是怎样做的？

我们现在正在恢复过程中，每个人都回公司在办公室工作了。即使在疫情大流行最糟糕的一周，工厂也从未停止生产。在工作中，我们要求全体人员佩戴口罩，保持社交距离。我们没有看到这些预防措施可以很快解除，这应该在很长一段时间内成为我们的新常态。

但是，我们如何带领员工摆脱危机和克服心理恐惧呢？沟通、沟通、沟通。我们定义了一个时间线，定义了一个目标——"新常态"目标。餐厅是我们成功转型的一个典型例子。

我们从 25% 的座位容量开始，为人们在隔间用餐提供 100% 的盒装午餐。几周后，我们过渡到提供 50% 的盒装午餐，然后逐渐过渡减少到 25% 的盒装午餐，今天我们达到 10% 的盒装午餐。这就是我们的新常态。现在有些员工还是宁愿在办公室隔间吃盒装午餐。没关系，每个人都处于"恢复"到新常态的不同阶段，我们需要尊重这一点。

问：对于你个人来说，经历了这一切，你学到了什么？

就个人而言，在中国市场能够买到口罩后，我和我的家人尽了最大努力去联系在几个国家的许多朋友，并给他们寄去急需的口罩。我知道我们可能被美国的一些朋友误解了，因为作为预防措施，戴口罩在一些西方国家还不是共识。

从这个过程中我们学到，宁愿被误解，也不愿为没有试图提供帮助而感到遗憾。我们非常高兴和自豪我们帮助到一部分朋友，这带给我们满满的幸福感。

【附录3】
五星级行为

卞哥来信：

五星级的行为（四）[1]

亲爱的成都员工们：

我深知，随着英特尔IVB量产的挑战，我们每位员工都在付出超常的努力，把"一切变为可能"。这正是我们"成都·都成"的一个鲜活写照。我们也启动了英特尔质量金奖（IQA）的申请计划，正铺开员工的交流与沟通，凭借这一申奖流程，我们将全面提升组织健康与业绩，以保证未来的可持续性，尤其是在英特尔中国赢得2011年中国雇主前三甲之后尤为瞩目。但是，我今天还要再次讲讲关于能够培养我们心仪文化的五星级行为。

---

[1] 这篇文章出自"卞哥来信"系列，于2012年3月9日发布，旨在倡导员工在五星级工作环境中的五星级行为文化。

数周前，当我坐在著名的香格里拉酒店大厅等候一些同事时，我观察了那里的员工是如何保持着他们的五星级水平的。我注意到有一位衣着整洁的女士提着一个漂亮的篮子，来回走动专找任何污渍，然后迅速地从篮子中取出一些必要的工具和清洁剂，并迅速清除那些脏渍。在我等待的20分钟内，她来回走动了3—4次……但故事还没完，那时，我注意到有一片枯叶在大堂大花篮下面的地毯上，她没注意到，或许是因为灯光的缘故或是她脚步过快的原因。我饶有兴趣地看着她，想知道她什么时候会清理那片枯叶，还想知道那些巡逻保安是否也会把那片枯叶捡起来扔掉。令我惊讶的是，那位保安很快发现了那片枯叶并捡起来清理掉了。哇！这才是一个五星级酒店的水平——每个人把工作的地方当成自己的家。因此，我认为，五星级行为不是一些新奇、美好的口号，而是我们要为自己的工作环境付出一丁点爱护——把工作的地方当成自己的第二个家。

现在，我想谈一点有关我们正在改进的园区安全问题，因为过去几个月以来，我们公司发生了几起盗窃案件，一些员工的贵重物品也失窃了。事实上，对于我们而言，在迈向五星级工作环境的道路上，出现这样的行为是一件让人不快和羞耻的事情。我们一直在落实园区安全管理，希望安全管理到达一个新的台阶，就像在家里一样；同时，我们也不断寻求员工参与、加强预防，以及提升大家的安全意识，因为一些案件可以通过自己或警方的努力侦破（例如 CD6 工厂前不久发生的盗窃案件通过全面的调查后得以侦破，窃贼俯首归案，他们可能面对着数年的监狱服刑），但是，有一些案件因线索有限而没有取得进展。不过，除了目前采取的安全措施外，我们还将采取更多方式来保障安全：（1）我们将组建安全志愿团队来收集建议并提升员工的安全意识；（2）我们将奖励那些提供与案件侦破相关的重要线索、与安全和预防意识加强相关的建议的个人；（3）我们将采用高科技手段，以进一步加强安全监控设备。总而言之，我想提醒各位，要爱护公司的财产和个人物品，因为我们这里每天有 5000 名左右人员进进出出，没人能保证不会出现不良分子。为什么这个故事与五星级行为相关？因为我们相信每位员工都要保护公司的财产和个人的贵重物品，大家在安全方面相互提醒是五星级的行为；纠正那些微博上缺乏事实根据的"牢骚"也是五星级行为。

最后，我想谈谈更多的有关成为五星级员工的想法。我之前举了一些例子，这里还有更多成为五星级员工的标准，如关注公司、关爱同事、帮助他人；保护公司形象并尽力来保护、丰富公司的形象；关注具体细节并学习科再奇来提升工作效率……同时，五星级员工还会经常反思自己能为公司做些什么并努力为公司实现最大利益。我想，当我们的每一位员工都能像香格里拉员工一样珍爱我们的工作场所时，我们就是超五星级员工了。

这是我们的公司,我深信,五星级行为将为我们未来的可持续发展铸造一个丰富的英特尔文化。

【附录4】
职场发展中的激情、坚持和耐心

卞哥来信：

职业发展中的激情、坚持和耐心！[1]

亲爱的成都员工们：

最近经常收到有关职业发展的问题，可以看到，很多员工开始根据自己在过去几年里的出色表现，为自己在英特尔的职业生涯制订更长远的计划。我非常鼓励在职业道路上采取这样积极主动的态度和方式，也很乐意与大家分享几个小故事，谈谈在职业发展中不可或缺的几个无形因素，那就是：激情、坚持和耐心。

激情：刚到英特尔工作的时候，我就已经下定决心，在将

---

1 这篇文章出自"卞哥来信"系列，讨论了员工对职业发展的一些困惑。文章于2011年6月17日通过英特尔全球内部员工博客平台"英特尔蓝"发布，吸引了英特尔全球公司超过11万人次浏览。

来某一天某个地方要成为总经理。虽然当时我并不知道自己什么时候、该怎样做才能达到此目标，但我一直要求自己在掌握本职工作技能的同时，还要学习本职工作范围之外的其他技能。当时我负责的是信息技术方面的工作，所以，当看到我竭尽所能地去学习生产制造流程和产品知识时，厂里的员工都感到很惊讶；当我在经营管理闪存工厂时还积极参加或领导其他非工厂运作的工作小组时，大家也都觉得不可思议；不管在什么时候，也不管我自己是不是那个领域的专家，我都从未停止过贡献自己的想法、意见和观点，这一点大家也都为我高兴。为什么我能这样做呢？那是因为我有着想要学习的激情，不断提高自己作为一个优秀管理者必备的各种能力。即使在现阶段，我也决心要改善自己的聆听技巧。从去年开始到现在我一直在坚持着，最近很开心地发现自己取得了一些进步。因此，对新事物充满激情，愿意自我提升是职业发展的关键之一。

坚持：最近，我邀请江丽霞——两次英特尔中国年度员工获得者，给我们的行政秘书和员工们分享了她的职业发展心得，反应非常热烈。14年前，丽霞进入英特尔浦东工厂，成为一名操作员，随后她走过了让人惊叹的职业生涯：从操作员到MH，再到行政秘书、财务分析员最后发展成为ECO运作经理。她在英特尔的成长史，正是典型的优秀职业者发展的例子。从她的故事中，我学到的最有价值的品质是"坚持"。我曾看到她在刚刚担任生产制造部经理行政秘书时的艰辛和挣扎，但她却从未放弃过。相反，她以最积极的态度，尽自己所能去学习如何成为世界上最好的行政秘书，并朝着这样的目标不断努力着。在英特尔浦东关厂时，她也同样挣扎过，但最后还是坚定地把工作做到最好……"完美谢幕"。由于当时她坚定的态度和出色的能力，她赢得了很多经理的青睐，他们都想要招聘她。现在，她正迈向一个全新的时代——嵌入式产品的市场营销工作。从她的成长经历，我意识到"坚持"是职业发展中的另一个重要因素，是任何一项职业都需要的品格。

耐心：最后，我想与大家分享我 7 岁儿子凯文的一个小故事。几个星期前的一个美好夜晚，我和他正在用玩具枪玩一个射击游戏。如果他在 10 轮射击后分数比我高的话，我就奖励他一个新的玩具。射击目标是一些竖着的小马克笔且有 3 米远，因此要射中是非常不容易的事。几次射击之后，我稍稍落后了。但我保持耐心，有一击反弹并射中了 3 支马克笔，因此分数反超了我儿子。当然，我也告诉儿子，"奇迹发生在有耐心的人身上。"游戏继续着，我一路领先凯文一分，凯文还剩下最后一击。他那时非常安静，看起来有些紧张，似乎意识到自己将要失去得到新玩具的机会了。但是他表现得非常有耐心，也没有放弃的念头。"啪"的一声，最后一击……"噢耶！爸爸，我赢了！"……他最后一击反弹了，击中了另一支马克笔而得两分。你们可以想象，凭借自己的耐心到最后一击获得胜利，他当时是多么地高兴。虽然这个故事与职业发展没有太大的关系，但我想说明的重点是，奇迹的确会发生在那些有耐心、坚持奋斗的人身上。

我知道这封信有点冗长，但还是觉得很有必要与大家分享。特别是看到某些员工试图寻找职业发展的捷径时。当然，在职业发展中还有很多其他的影响因素，比如技术能力、管理技巧、业务知识，等等。但我认为，激情、坚持和耐心是大家在反思职业发展时需要考虑的，我相信大家一定能做到。

感谢大家的阅读。

【参考文献】

[1] Angelini C. Intel Identifies Cougar Point Chipset Error, Halts Shipments[EB/OL].https://www.tomshardware.com/news/cougar-point-sandy-bridge-sata-error,12108.html.2020-07-25.

[2] Augustine A. How to Deal with the Worst Organizational Bureaucracy[EB/OL].https://www.themuse.com/advice/how-to-deal-with-the-worst-organizational-bureaucracy.2020-01-01.

[3] Baldridge M. Malcolm Baldridge National Quality Award[EB/OL].https://www.nist.gov/baldrige/baldrige-award.2020-06-07.

[4] IEEE International Conference on Intelligent Engineering Systems:ViSe2 - an agent-based expert consulting system with efficient cooperation[R/OL].http://doi.org/10.1109/ INES.1997.632415.1997-09-17.

[5]Bloomberg. China Will Rack Up Three Billion Trips During World's Biggest Human Migration[EB/OL].https://www.bloombergquint.com/global-economics/china-readies-for-world-s-biggest-human-migration-quicktake-2.2020-01-02.

[6] Bognar S, Reichert J. American Factory[EB/OL].https://www.1905.com/mdb/film/2250788/.2020-05-17.

[7] Bryant A. The Corner Office: Indispensable and Unexpected Lessons from CEOs on How to Lead and Succeed[M].New York: St. Martin's Griffin,2011.

[8] Burgelman R, Grove A. Strategy Is Destiney[M].New York: Free Press,2002

[9] CallMiner. Call Center Satistics You Should Know[EB/OL].https://callminer.com/blog/call-center-statistics-you-should-know/.2020-09-12.

[10] Chen L, Cai J, Lin Q, Xiang B, Tem T. Imported COVID-19 cases pose new challenges for China[J]. PMC,2020, 80(6): 43–44.

[11] China N.B. National Data Bank[EB/OL].National Bureau of Statistics of China. http://data.stats.gov.cn/.2020-08-22.

[12] Clarke P. Intel, ST announce flash memory joint venture[EB/OL].https://www.eetimes.com/intel-st-announce-flash-memory-joint-venture-2/.2020-08-20.

[13] Collins M. The Pros And Cons Of Globalization[EB/OL].https://www.forbes.com/sites/mikecollins/2015/05/06/the-pros-and-cons-of-globalization/.2020-09-13.

[14] Covey R. The 7 Habits of Highly Effective People[M]. New York: Free Press,2004.

[15] Craft A, Cremin T, Burnard P, Dragovic T. Possibility Thinking: Culminative Studies of an Edidence-Based Concept Dring Creativity?[J].Education 3-13, 2012, 41(5):1-19.

[16] Electronicsnotes. Semiconductor Memory Types & Technologies[EB/OL].https://www.globalization-partners.com/blog/what-is-co-employment/.2020-08-16.

[17] Globalization Partners. What Is Co-Employment?[EB/OL].https://www.globalization-partners.com/blog/what-is-co-employment/.2020-02-13.

[18] Grove A. Only the Paranoid Survive[M]. New York: Crown Business,1996

[19] Harari Y. 21 Lessions for the 21st Century[M]. New York: Spiegel & Grau,2018.

[20] Hartvigsen G. Lesson learn from 25 years with telemedicine in North Norway[M].Tromsø: University Hospital of North Norway. 2015.

[21] Hindriksen V. The History of the PC from 2000-2012[EB/OL].https://streamhpc.com/blog/2011-05-06/the-history-of-the-pc-from-2000-2012/.2020-09-13.

[22] Insigniam. Bridging the Gap[EB/OL].http://www.intel.com/https://quarterly.insigniam.com/issues/15-01-transformation-technology/bridging-gap/.2020-07-18.

[23] Kouzes J, Posner B. Leadership Practices Inventory[M].San Francisco: Pfeiffer,2003.

[24] Malone M. The Intel Trinity[M].New York:Harper Business,2014.

[25] McQueen M. 5 ways bureaucracy will kill your business[EB/OL]. https://michaelmcqueen.net/blog/5-ways-bureaucracy-will-kill-your-business.2020-09-20.

[26] Peltin S, Rippel J. Sink, Float, or Swim[M]. Munich: Redline Verlag, 2009.

[27] Pettinger T. What caused globalisation?[EB/OL].https://www.economicshelp.org/blog/401/trade/what-caused-globalization/.2020-09-20.

[28] Prentice B. The Globalization of IT[EB/OL].https://blogs.gartner.com/brian_prentice/2008/10/15/the-globalization-of-it/.2020-09-20.

[29] Rogoway M. Intel closing plant, costing Hillsboro 1,000 jobs[EB/OL]. https://www.oregonlive.com/business/2009/01/unspecified_afternoon_story.

html.2020-08-29.

[30] Schwartz D. The Magic of Thinking Big[M].New York: Penguin Group, 2014.

[31] Slim B.Management is a science, but leadership is an art[EB/OL].https://en.wikipedia.org/wiki/william_Slim,_lst_viscount_Slim. 2020-05-23.

[32] Swan B. Intel Reports First-Quarter 2020 Financial Results[EB/OL].https://www.intc.com/investor-relations/financials-and-filings/earnings-results/default.aspx.2020-05-30.

[33] WHO. COVID-19 Pandemic Declaration[EB/OL].https://www.who.int/news-room/detail/27-04-2020-who-timeline-covid-19.2020-04-27.

[34] Wikipedia.Golden rule.https://en.wikipedia.org/wiki/Golden_Rule.2020-09-26

[35] Yang Y. Series of Suicidal Jumps at Foxconn[EB/OL].http://news.sina.com.cn/c/2010-05-27/142417572060s.shtml.2020-08-22.

[36] China Net.Visiting Intel Chengdu factory: A high-tech factory eliminating "Blue collar workers" [EB/OL].http://tech.sina.com.cn/it/2013-06-24/09208472051.shtml.2020-08-29.

[37] 曹文，卞成刚. 背囊地图走欧洲 [J]. 四海—台港澳海外华文文学,1995,32(2):77-102.

[38] 党鹏. 英特尔成都工厂"罢工"风波 [EB/OL].http://finance.sina.com.cn/roll/20090905/11486711922.shtml?from=wap.2020-08-22.

[39] 韩庆峰. 轻有力：用90后思维管理90后 [M]. 北京：中国青年出版社,2014.

[40] 平文艺, 韩雪, 王晋, 和康. 英特尔责任密码[M]. 成都: 四川人民出版社,2016.

[41] 施展. 枢纽: 3000年的中国[M]. 桂林: 广西师范大学出版社,2018.

内容简介

本书讲述了外资企业英特尔公司在中国改革开放政策和经济发展背景下的20多年生产之旅,并从跨国公司的视角分析了互联网泡沫、全球化、信息技术大爆炸形成的溢出效应、文化差异以及随之而来的高速发展的机会与抉择。结合作者任职英特尔公司的亲身经历,通过英特尔公司在中国寻求"求同存异"发展的真实故事,阐释"求同存异"思维对个人、组织、社会的重要性,并为和平、健康和富裕的共同梦想筑就"互通互融"的最高境界。

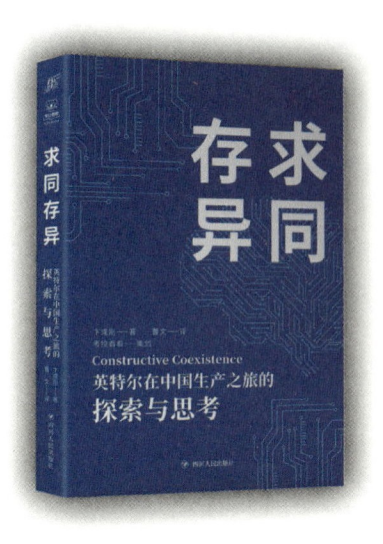

卞成刚 / 著　曹文 / 译

读者服务
4000213677　(028)87575393

本书的编著和出版,引用的部分图片和资料,因各种原因,无法与版权所有者取得联系,请版权所有者及时与我们联系,以便我们表达感谢和支付版权使用费。

4000213677　(028)84525271

作者 | 卞成刚

英特尔制造与供应链事业部副总裁兼英特尔产品（成都）有限公司总经理，上海工业大学工程学学士、挪威特隆姆索大学计算机科学硕士。于1998年英特尔浦东工厂筹建时加入英特尔公司，担任信息技术部主管并支持两个工厂的筹建工作。于2002年担任英特尔浦东闪存工厂厂长；2007年工厂剥离后，担任英特尔公司在中国的合资企业——恒亿储存有限公司总经理；2009年调任英特尔产品（成都）有限公司总经理；2012年荣升英特尔制造与供应链事业部副总裁。

英特尔产品（成都）有限公司在卞成刚的带领下于2012年和2018年两次获得英特尔"全球质量金奖"，并在2018年获得全球责任商业联盟(RBA)"首选工厂奖"。

译者 | 曹 文

上海工业大学计算机学士、挪威特隆赫姆大学计算机硕士、挪威特隆姆索大学计算机博士，主要研究方向为人工智能。于1998年回国，先后在羽西科蒂化妆品有限公司、上海西门子移动通讯有限公司从事信息技术管理，担任联泰大都会人寿保险有限公司首席信息官。迁居成都后，从事与人工智能相关的志愿者项目，倾力为院校普及人工智能知识。

策划团队

考拉看看
Koalacan

是由资深媒体人、作家、内容研究者和品牌运作者联合组建的内容机构，致力于领先的深度内容创作与运作，专业从事内容创作、内容挖掘、内容衍生品运作和品牌文化力打造。

A content institution jointly established by media experts writers content researchers and brand operators committed to creation and operation of leading-edge and in-depth contents specializing in content creation content mining content derivatives operation and cultural branding.

书服家
Forbooks

是一个专业的内容出版团队，致力于优质内容的发现和高品质出版，并通过多种出版形式，向更多人分享值得出版和分享的知识，以书和内容为媒，帮助更多人和机构发生联系。

A professional content publishing team committed to the discovery and publication of high-quality contents sharing worthwhile ideas with people through multiple forms of publication and thus acting as a bridge between people and institutions.

写作 | 研究 | 出版 | 推广 | IP 孵化
Writing Research Publishing Promotion IP incubation
电话 TEL 400-021-3677　　Koalacan.com

特邀编创：考拉看看
装帧设计：云何视觉　汪智昊
全程支持：书服家